本书受到云南省哲学社会科学学术著作比

国际服务贸易
理论分析
——从接触成本的视角

罗 平 袁洪生 著

云南出版集团公司
云南人民出版社

图书在版编目（CIP）数据

国际服务贸易理论分析：从接触成本的视角/罗平，袁洪生著．－－昆明：云南人民出版社，2009．12

ISBN 978－7－222－06293－1

Ⅰ．①国… Ⅱ．①罗… ②袁… ①国际贸易：服务贸易－理论研究 Ⅳ．①F746．18

中国版本图书馆 CIP 数据核字（2009）第 236573 号

责任编辑：殷筱钊　陈艳芳
责任印制：段金华

书　名	国际服务贸易理论分析——从接触成本的视角
作　者	罗平　袁洪生　著
出　版	云南出版集团公司　云南人民出版社
发　行	云南人民出版社
社　址	昆明市环城西路 609 号
邮　编	650034
网　址	www. ynpph. com. cn
E－mail	rmszbs @ public. km. yn. cn
开　本	850×1168　1/32
印　张	6. 875
字　数	250 千
版　次	2010 年 3 月第 1 版第 1 次印刷
排　版	
印　刷	昆明银河印刷厂
书　号	ISBN 978－7－222－06293－1
定　价	48. 00 元

目　录

第1章 引 言

1.1 国际服务贸易的发展现状

第二次世界大战之后，随着西方发达国家的产业技术进步，各国产业结构发生了很大的变化。以服务业为主要内容的第三产业在国民经济中的地位越来越重要，集中表现为第三产业在国民收入中所占份额不断增加。各国在20世纪70年代和80年代制定的产业政策都有力地支持了第三产业的发展，使其成为发展最快的产业和各国的支柱产业。对大多数发展中国家来说，尽管第三产业在国民经济中的地位也在上升，但增长最快的是工业。不同产业之间的这种相对发展变化，使得高收入国家（主要由发达国家组成）的第三产业在国民经济中的份额在1994年平均已超过60%。该指标对低收入的发展中国家来说平均为36%，对中等收入的发展中国家来说平均为52%。1994年第三产业在国民生产总值中所占比重，美国为70%，日本为58%，英国为66%，巴西为49%，泰国为50%，而中国只有32%①。

第三产业的这种相对变化也反映到国际贸易之中。从20世纪60年代末开始，国际服务贸易以平均高于货物贸易的速度增长，使得服务贸易在国际贸易中的比重不断上升。根据国际货币基金组织的统计，1985年世界服务贸易额

---

① 数据来源：世界银行《1996世界发展报告》，第212—213页。

1

（进出口平均数）为 4184. 25 亿美元，占世界贸易额
22071. 25 亿美元的 18. 96% 。随后，服务贸易在世界贸易
中的比重一直稳定在 20% 左右。1990 年世界服务贸易额为
8832. 5 亿美元，占当年世界贸易总额 43103 亿美元的
20. 5% 。1995 年世界贸易额突破六万亿美元，达 62276 亿
美元，其中服务贸易为 12492 亿美元，占世界贸易额的
20. 06%①。2001 年世界贸易额 76845 亿美元，其中服务贸
易达 14279 亿美元，占世界贸易额的 18. 6% 。到 2004 年世
界服务贸易更达到创纪录的 21000 亿美元，比上年增长了
16 个百分点，占世界贸易额 109800 亿美元的 19. 12% 。
1990—2004 年世界贸易增长情况见表 1—1：

表 1—1：

1990—2004 年世界贸易增长情况表

单位：亿美元、 %

贸易种类	贸易额	年增长率				
	2004	1990—2000	2001	2002	2003	2004
货物贸易	88800	6	-4	5	17	21
服务贸易	21000	7	0	7	13	16

数据来源：世界贸易组织：《世界贸易报告 2005》，2005 年 7 月

国际服务贸易在不同国家和地区间的发展是很不平衡
的。至今为止，发达国家在国际服务贸易中一直处于支配
地位。服务贸易主要是在发达国家之间进行。1985 年工业
化国家的服务出口和进口分别占世界服务贸易出口和进口
的 76. 04% 和 66. 22% 。1995 年工业化国家的服务出口为
8873. 03 亿美元，进口为 8706. 18 亿美元，分别占世界服务
贸易出口总额和进口总额的 71. 90% 和 68. 86% ，结构略有

---

① 本章有关服务贸易数据直接或间接来自：IMF《Balance of Payments
Statistics》1996 。

变化。而工业化国家的服务进出口额占世界服务贸易进出口总额的份额分别为 70.93% 和 70.36%，变化不大。2002 年高收入（按世界银行定义，指人均国民收入在 9206 美元以上）国家的服务进出口额分别为 11826 亿美元和 12446 亿美元，占世界服务贸易进出口总额的份额分别为 80.15% 和 82.3%。

　　1985 年和 2004 年服务贸易排名前六名的国家均是美国、英国、法国、德国、意大利和日本。该六国 1985 年的服务贸易出口和进口分别占世界的 50.90% 和 45.87%，1995 年的出口和进口分别为 6157.54 亿美元和 6293.72 亿美元，分别占世界服务贸易额的 48.29% 和 48.72%，而 2002 年的出口和进口分别为 7055.77 亿美元和 6923.03 亿美元，分别占世界服务贸易额的 46.68% 和 46.92%。

表 1—2：

1993 年—2003 年六国服务出口表

单位：亿美元

	1993	1994	1995	1996	1997	1998	1999	2000	2001	2002	2003
世界	9406	10368	11874	12746	13257	13441	13924	14794	14861	15864	17965
美国	1664	1813	1985	2167	2330	2388	2596	2785	2684	2749	2877
法国	738	747	831	826	799	842	817	803	818	857	989
德国	566	591	756	792	786	808	801	796	839	983	1156
意大利	517	532	612	649	664	666	580	560	571	594	727
英国	598	675	765	867	982	1079	1158	1178	1163	1288	1434
日本	516	568	640	664	681	618	603	683	637	649	706
六国合计	4599	4926	5589	5965	6242	6401	6555	6805	6712	7120	7889
六国占世界比例%	48.89	47.51	47.07	46.8	47.09	47.6	47.08	45.6	45.2	44.88	43.91

数据来源：世界贸易组织《国际贸易统计 2004》。

表1—3：

1993年—2003年六国服务进口表

单位：亿美元

国别	1993	1994	1995	1996	1997	1998	1999	2000	2001	2002	2003
世界	9583	10436	12012	12699	13103	13359	13871	14718	14911	15708	17824
美国	1097	1207	1291	1392	1524	1667	1840	2090	2061	2113	2285
法国	557	562	645	656	626	664	635	599	618	685	837
德国	1010	1110	1327	1342	1298	1351	1394	1358	1406	1459	1708
意大利	487	481	546	570	589	629	562	546	561	615	740
英国	495	565	623	687	750	852	923	963	966	1049	1183
日本	955	1054	1215	1287	1221	1107	1142	1157	1070	1066	1103
六国合计	4601	4979	5647	5934	6008	6270	6496	6713	6682	6987	7856
六国占世界比例%	48.01	47.71	47.01	46.73	45.85	46.93	46.83	45.61	44.81	44.48	44.08

数据来源：世界贸易组织《国际贸易统计2004》。

　　1995年工业化国家的运输服务、旅游服务和其他服务出口分别占世界的71.91%、68.34%和74.20%，进口分别占世界的64.27%、74.67%和71.36%。而在十年前的1985年，工业化国家的运输服务、旅游服务和其他服务出口分别占世界的74.95%、73.59%和77.25%，进口分别占世界的66.66%、78.46%和62.93%。这在一定程度上说明，在过去的很长时间里，发达国家在服务贸易中的比较优势主要集中在运输服务和其他非旅游服务方面，而发展中国家的比较优势主要集中在旅游服务方面。实际上，发展中国家在旅游服务贸易上一直有顺差，在非旅游服务贸易上有逆差。发达国家在保险、银行业务、租赁、工程咨询、专利和许可证等服务贸易方面的出口是最成功的。

　　作为服务贸易第一大国的美国，1995年的服务出口为2085.5亿美元，进口为1404.3亿美元，分别占世界的

16.96% 和 11.42%。1995 年美国的服务贸易顺差高达
681.2 亿美元。实际上，美国在战后的大多数年份里都从服
务贸易中获得大量的盈余。1980—1982 年美国的服务贸易
顺差分别为 344.3 亿、411.6 亿和 300.8 亿美元。1990—
1992 年的服务贸易顺差分别为 297.2 亿、452.1 亿和 588.5
亿美元。1988 年以来，美国的服务贸易收支年年有顺差。
长期以来的巨额服务贸易盈余有力地支撑着美国经济的增
长和其对外经济关系的发展，并在很大程度上弥补了美国
货物贸易的巨大赤字，对平衡其国际收支产生了有力的作
用。有关经济学家预测，美国服务出口的潜力巨大。如果
美国政府使外国进一步取消贸易壁垒和非关税壁垒，外国
对美国服务的需求将显著增加。

　　法国、德国、英国、日本和意大利在 1995 年的服务出
口分别是 977.7 亿、860.2 亿、714.0 亿、652.1 亿和 650.3
亿美元，分别占世界服务贸易的 7.95%、6.99%、5.80%、
5.30% 和 5.29%；它们的服务进口分别是 785.3 亿、
1325.2 亿、617.2 亿、1227.0 亿和 633.3 亿美元，分别占
世界服务贸易额的 6.38%、10.77%、5.02%、9.98% 和
5.15%。八十年代以来，英国和法国在其服务贸易中每年
都有顺差，意大利在服务贸易中是顺差和逆差交替出现，
而德国和日本的服务贸易收支一直具有较大的赤字。德国
和日本的服务贸易赤字和它们在货物贸易中的巨额顺差形
成了鲜明的对照。

　　由于服务要求消费者参与其生产过程，许多进入国际
市场的服务业都与国际投资密切相关。发达国家更是利用
其较为雄厚的资本积极向国外扩展，结果导致其对外投资
的部门结构发生变化，服务业在对外投资中的比重不断上
升。据统计，在 1980—1990 年期间，西方最大的发达国家
（澳大利亚、加拿大、法国、德国、意大利、日本、荷兰、

瑞典、英国和美国）对外投资总额为 96800 亿美元，其中第一产业为 13200 亿美元，第二产业为 40000 亿美元，第三产业为 43600 亿美元，分别占对外投资总额的 13.7%、41.3% 和 45.0%，平均年增长率分别为 6.1%、10.5% 和 15%。①

正是由于西方发达国家在服务出口贸易方面所具有的巨大优势，它们极力主张服务贸易自由化。1978 年后，美国相继成立了国际服务贸易委员会和服务政策委员会，及时向美国贸易管理局提出政策建议，推动服务贸易在世界市场上更自由地进行。经济合作与发展组织（OECD）已经通过一项"经常性服务贸易自由化准则"，旨在消除服务贸易方面的非关税壁垒。美国和其他一些发达国家极力主张将服务贸易纳入关贸总协定中，以减少在建立国外分支机构和利润回流方面的障碍。关贸总协定各缔约方最终于 1994 年 4 月达成《服务贸易总协定》。

1.2 国际服务贸易理论研究的发展

对亚当·斯密和马克思等古典经济学家来说，服务和货物之间的区别被认为是非常重要的。在他们看来，货物是可积累的，而服务是不可积累的。服务生产所使用的劳动并不将它本身固定或实现在任何特定的物质上，使其在那种劳动之后能继续存在，随后还能购买到等量的劳动。经济增长取决于货物（尤其是资本货物）的积累。生产服务的劳动没有能提供可以交换的东西，最终必然要消耗物质生产部门所创造的剩余价值，从而影响资本的积累。因

---

① 数据来源：联合国经济社会理事会 1993 年出版物（编号 E/C.10/1993/6，中文版第 7 页）。

此，他们把生产货物以及与其相关的运输和销售等服务的劳动看成是生产性的，而把生产与货物无关的服务劳动看成是非生产性的，并极力主张减少非生产性劳动。

在随后的很长一段时间里，服务与货物之间的区别变得越来越不重要。特别是在建立经济模型中，服务和货物被看成是完全相同的东西。但是，从20世纪30年代、尤其是二战以后，当经济学家开始考虑服务部门在现代经济社会中的重要作用时，服务与货物之间的区别又逐渐引起了重视。西方理论界出现了许多与服务有关的概念和思潮，如"第三产业"、"服务经济"、"后工业社会"、"丰裕社会"和"信息社会"等。它们试图从不同方面对服务业的增长与经济发展之间的关系进行解释。一个重要的结论就是，服务部门的劳动生产率增长缓慢和经济发展对服务的需求增加是导致服务部门不断扩大的主要原因。

在二十世纪60年代和70年代，经济学家对服务的概念以及服务与货物之间的区别有了较深入的认识。Fuchs（1968）认为"服务是无形的、易腐的、要求在靠近消费者的地方生产和要求消费者参与生产的商品。"Hill（1977）则把服务定义为"人或属于某个经济单位的货物的条件变化，这种变化是在该人或该经济单位同意前提下由另一个经济单位采取活动的结果。"作为一种变化，服务是不可储存的。服务的这种非储存性是逻辑上的不可能，不是物质上的不可能。Hill的定义已被1987年出版的《新帕尔格雷夫经济学词典》所采用。Stanback（1980）认为服务是不可储存的、不可运输的和不可积累的。但是，正如本文第2章所指出的那样，现有的服务定义把服务的范围不是定义的太大就是太小。本文提出了一个新的服务定义。

在二十世纪80年代以前，经济学家对服务贸易的研究主要集中在国际运输服务贸易。Samuelson（1954）首先考虑了运输成本对贸易条件的影响。尽管他指出运输成本所造成的自然障碍与关税所造成的人为障碍存在本质的不同，即运输要消耗资源而关税则否，但他在所使用的模型中并没有把运输部门独立出来，而是把运输成本假设为商品的消耗。Mundell（1957b）在 Samuelson 的基础上进一步讨论了运输成本由谁负担等问题。Herberg（1970）最早把运输部门从商品贸易部门独立出来，但他却假设各国只运输自己的进口商品，因此无法使要素禀赋和生产技术融入现有贸易理论中以决定哪国有能力提供较多的运输服务及其影响。Falvey（1976）克服了 Herberg 的不足。在他的模型中，要素禀赋差异和产业要素密集度决定了国际运输服务的贸易格局。他指出，提供国际运输服务会产生关税效应和资源成本效应。但他并没有对这两种效应进行深入的分析研究。Cassing（1978）就运输成本与 Metzler 之谜的关系作了仔细的分析。他指出，对进口商品按 FOB 价和 CIF 价征收关税将会产生非常不同的影响。本文将有关国际运输服务的分析方法用来讨论国际交易服务及其对商品贸易的影响，并对国际交易服务所隐含的关税效应和资源成本效应作了深入的分析和讨论。

随着美国在 1982 年的关税与贸易总协定部长级会议上提出服务贸易自由化问题，以及服务贸易最终被纳入 1986 年开始的乌拉圭回合多边贸易谈判，客观上要求并刺激了经济学家对服务贸易进行深入的研究。这些研究集中在两个方面。一是与服务贸易多边谈判有关的研究，二是有关服务贸易的理论研究。

在有关服务贸易的理论分析研究中，经济学家首先注意到国际服务贸易的交易方式不同于国际货物贸易的交易方式。国际货物贸易表现为在一个国家生产的货物被运输到另一个国家消费，消费者和生产者不需要移动。但是，国际服务贸易的交易方式却有所不同。Bhagwati（1984a）将服务贸易的方式划分为四种：（1）消费者和生产者都不移动所发生的服务交易（又称长距离服务交易）；（2）消费者移动到生产者所在国进行的服务交易；（3）生产者移动到消费者所在国进行的服务交易；（4）生产者和消费者移动到第三国进行的服务交易。Sampson 和 Snape（1985）提出了另一种类似的划分，相当于把 Bhagwati 分类中的服务消费者换成服务接收者，而服务接收者既可以是人也可以是物。这两种划分在服务贸易理论分析中都得到了广泛使用。Grubel（1987）则认为服务贸易表现为人或物的国际流动。本文将消费者本身移动和消费者将所属物移动到生产者所在国进行的服务贸易区分开来，将发生在国与国之间的国际交易服务贸易独立出来，并在第 3 章对其进行了分析和讨论。

实际上，国际货物贸易也存在类似的四种交易方式。只不过不同交易方式对服务和货物的重要性不同，对不同服务和不同货物的重要性也不同。这种重要性的不同影响到服务与货物的可贸易性。Hirsch（1988）把交易方式与商品的可贸易性联系在一起。不同交易方式具有不同的成本。从消费者的角度来看，一个商品的价格有四个组成部分 $U = P_i + P_s + R_i + R_s$，其中 P_i 和 R_i 分别表示生产者和消费者单独产生的成本，P_s 和 R_s 分别代表生产者和消费者之间的接触成本。于是，$S = (P_s + R_s)/U$ 可用来表示商品的服务含量。当 $S = 1$ 时，商品是"纯粹的"服务，当 $S = 0$ 时，商品是"纯粹的"货物。如果消费者和生产者位于不同的国家，那么商品的可贸易性条件就是：$|dP_i + dP_s|/U_{12} > S_{12}T_{12}$，其中 dP_i 和 dP_s 表示国际交易引起的成本变化，U_{12} 表示消费者获得外国商品所支付的总成本，S_{12} 表示 U_{12} 中的服务含量，T_{12} 表示国际交易中接触成本多出国内交易的

比率。服务的 S_{12} 和 T_{12} 值一般较大，从而大大限制了服务的可贸易性。

现有的贸易理论是以货物贸易为基础。由于服务与货物之间存在一些本质的区别，研究服务贸易必然要涉及这些贸易是否适用于服务贸易的问题。经济学家在研究服务贸易时通常都没有对贸易理论的适用性提出过任何怀疑。Hindley 和 Smith（1984）明确地指出贸易理论完全适用于服务贸易。他们认为货物本身也是不同质的，不同的货物具有完全不同的特征。既然比较优势理论可以应用于不同的货物，也就可以用于服务。但是，Deardorff（1985）认为，由于许多服务贸易涉及要素流动，因此，当生产服务所需的管理和技术人员的国际流动伴随着技术转移时，就会出现管理服务从价格较高的国家流向价格较低的国家。这违反了比较优势原则。实际上，Deardorff 在这里所指的管理和技术人员提供的服务在两个国家是不同质的。如果把要素服务的质量差异考虑在内，比较优势仍然成立。

许多服务是人力资本密集型的。由于人力资本是通过教育、培训以及研究与开发获得的，因此人力资本所产生的比较优势完全取决于一个国家提供教育、培训和研究与开发等基础设施的能力。于是，我们可以得出这样的结论，人力资本所产生的比较优势可能是短暂的。Melvin（1989a）认为，导致服务比较优势短暂性的原因主要有两个。首先，与人力资本有关的知识和技能是体现在可自由流动的人员身上。这些专业技术人员流动到哪个国家就可能把相关的比较优势带到该国。其次，与人力资本相关的比较优势可通过教育和培训获得。

经济学家都试图通过建立模型、利用现有贸易理论来分析服务贸易及其影响。Ryan（1987）用一个 Ricardo 模型来说明国内运输服务的国际贸易所产生的影响。分析表明，提供一个有效的国内运输系统对提高一个国家（尤其是地域广阔的国家）的福利水平是非常重要的，运输服务的自由贸易可以大大增加贸易双方的福利。因此，各国应该设法取消有关国内运输服务贸易的限制，减少导致运输服务成本上升的各种税收。Djajic 和 Kierzkowski（1989）用一个 H—O 模型说明维修服务贸易对耐用品贸易的影响。分析的结果表明，允许服务贸易会导致贸易货物的质量下降，服务贸易有可能逆转商品贸易格局。

Melvin（1989b）把要素服务贸易纳入传统的 H—O 模型，通过假设一种商品和资本要素服务是可贸易来考察传统的贸易结论。服务贸易可以导致和商品贸易一样的均衡，但可贸易商品的要素密集度不同会产生一些很大的差异。对任何商品征收关税对商品价格的影响是相同的，并且总是增加非贸易要素服务的价格。对要素征税也可能会影响贸易格局。

Jones 和 Ruane（1990）使用一个特定要素模型来分析选择服务贸易或其使用的特定要素服务贸易的影响。选择任何一种贸易形式都能增加一个国家的福利，同时选择两种贸易形式优于选择其中一种。但是，选择其中哪一种较好则取决于国内外最初的要素禀赋和技术。不同的选择对收入的分配有着非常不同的影响，因此一个国家不能仅根据贸易前的服务价格和要素价格来决定选择。

Burgess（1995）通过建立一个特定要素模型来分析取消要素服务贸易限制的福利效应。在短期内，如果存在很大的潜在利益，服务贸易自由化可能会遇到很多阻力。货物特定要素和服务特定要素的国际流动可以是互补的也可以是替代的。如果两种特定要素是替代性的，那么对于小国来说，对其中一种要素的进口所征税率应该高于出口国对该要素征收的税率。

11

Markusen（1989a）在一个两部门的一般均衡模型中讨论了具有规模经济的生产性服务和其它专业中间投入的国际贸易。分析结果表明，允许生产性服务等特殊中间投入贸易优于允许最终商品的贸易。中间投入的自由贸易可以保证两个国家的福利同时增加。Melvin（1989a）使用一个较简单的模型也对此作了类似的分析，并得到类似的结论。但是，Markusen（1989b）还将这些分析延伸到跨国公司内部进行的生产性服务贸易。在生产性服务上的优势会导致跨国公司在东道国生产商品形成垄断。因此，生产性服务贸易可能使东道国的福利减少。

1.3 本文的创新之处

对服务贸易的理论研究至今只有大约 15 年的历史。这些研究虽然已取得了一些成果，但"仍然处于非常初级的阶段"（Melvin（1989a），第 186 页）。主要原因表现在以下几个方面：（1）对服务的定义没有形成统一的认识，不同的研究往往使用不同的定义；（2）缺乏细分的服务贸易统计数据，在很大程度上限制了研究的深入；（3）还没有找到较好的模型来解释服务贸易。

本文对服务贸易研究的创新之处主要表现在以下几个方面。首先，本文提出了一个全新的服务定义。该定义至少比现有的服务定义都好，能帮助我们明确服务与货物之间的区别，更深刻地了解服务贸易的特点。其次，本文对国际交易服务的关税效应和资源成本效应作了更深入的分析。我们区别了间接的和直接的关税效应和资源成本效应。间接的效应与直接的效应既有相似之处也有不同之处。尽管国际交易服务的单位成本下降会增加一个国家的福利，但是它所隐含的关税效应肯定也是增加福利的，而它的资源成本效应却不一定是增加福利的（有时会减少福利）。国际交易服务贸易的关税效应和资源成本效应还可能对商品的生产结构和贸易结构产生不同的影响。第三，本文在第5章建立了一个独特的理论模型来分析和讨论生产性服务贸易。服务贸易对商品生产和贸易的影响取决于服务对商品生产的贡献率以及服务和商品部门的要素密集度。服务贸易可以增加或减少商品贸易，甚至可以逆转商品贸易格局。该模型的一个最大优点在于，经过一些修改就可以用来说明一些特殊的生产性服务贸易。

國際服務貿易理論分析

第2章　服务贸易基本问题

2.1 服务的概念

服务的定义

在现代经济学文献中，我们可以找到许多不同的服务定义。这些服务定义可以划分为三种。

最早使用的一种定义是以否定原则为基础，把服务定义为不属于农业（第一部门）和工业（第二部门）的产出，总称为第三产业或第三部门。这种定义最早出现在Fisher（1935，1939）和Clark（1940）的著作中，Kuznets（1957，1966）使用的也是这种定义。一些经济学家采取列举一系列具体活动的方式把所研究的服务限制在一个较小的范围。例如，Fucks（1968）把服务部门的范围规定为包括批发、零售、金融、保险和不动产经营等行业，政府一般部门（通常包括军队），以及传统上称作服务行业的行业（如专业服务、个人服务、企业性服务和修理服务等行业）。我国基本上一直使用这样的定义。

这种定义实际上是以统计原则为基础，因此包含了许多非服务（即货物）的内容。而且，不同的研究者采用不同的划分第二与第三产业准则。例如，建筑业有时被列入服务部门，有时又被列入工业部门。这种不一致减少了不

14

同研究成果之间的可比性，不利于把经济学家的服务思想组织在一起。

随后出现的一种服务定义以服务不同于货物的共性为基础。以这种方式定义服务的代表人物有 Fucks 和 Stanback。Fucks（1968）认为服务是无形的、易腐的、要求在靠近消费者的地方生产和消费者参与生产的商品。Stanback（1980）认为服务是不可储存的、不可运输的和不可积累的。由于这种定义抓住了服务活动的许多重要特征而且非常直观，自 20 世纪 70 年代以来已被广泛使用。但是，这种定义通常把无形货物也当成了服务，而且没有包括结果为有形的服务。原因在于，他们所强调的服务特性只适用于部分（或许是大部分）服务。

第三种服务定义是以服务的内在性质为基础，是英国经济学家 Hill 在 1977 年提出的。Hill（1977）把服务定义为"人或属于某个经济单位的货物的条件变化，是在该人或该经济单位同意前提下由另一个经济单位采取活动的结果"（第 318 页）。该定义说明了服务的三个基本特点：（1）服务表现为服务接收者（人或物）的条件变化。因此 Hill 认为，服务的生产过程也是消费过程，服务是不可储存的。这种不可储存性不是物质上的不可能，而是逻辑上的不可能。由于这样的条件变化通常表现为地点的改变（如运输和销售）、时间的节约（如佣人提供的服务）、形式的改变（如理发和装修）以及心理效用（如旅游和表演），也有人把服务定义为生产时间、地点、形式和心理效用的经济活动（Murdick 等，1990，第 4 页）。（2）服务是由另一个经济单位提供的。这充分体现了"服务"这个词的含义：即一个经济单位"服务"另一个经济单位。许多服务通常也可以由消费者自己来生产。但是，如果消费者为改变自身条件采取的一项活动不能由另一个经济单位来进行，这项活动就肯定不是服务。例如，人们为保持健康而进行的锻炼活动就不是服务，因为这项活动不可能由其他人代替从事。（3）服务必须是在消费者同意的前提下提供的。服务必须以获得消费者的同意为前提，因为一项没有得到消费者同意的活动实际上是犯罪。除了直接表示同意之外，消费者表示同意的最常见形式是事先付款。另一种形式是社会集体同意，其收费表现为征税。这种服务通常是由政府部门提供的，如国防、公安和天气预报，其中一些是以法律形式确定下来。

Hill 在一定范围内在服务与货物之间做出了明确的划分。在他看来，"货物可定义为能被占有，因此可在经济单位之间转移的有形商品"。服务是一种变化，而货物是一个物品。服务和货物属于完全不同的逻辑范畴。在货物交易中，购买者得到的是所有权，而在服务的交易中，购买者得到的是他人提供服务的义务。Hill 的定义抓住了事物的本质，已被 1987 年出版的《新帕尔格雷夫经济学词典》所采用。

但是，Hill 的这一定义仍然存在许多问题。首先，它似乎不包括像租赁、保险、贷款等影响企业的金融服务。这些服务使企业（而不是人或物）的条件发生变化。其次，动物的饲养和驯服工作影响的是动物，而不是人或物。第三，保管和仓储是防止食品等货物的条件发生变化，而不是导致货物的条件变化。第四，信息处理与传送影响的是无形商品而不是有形货物的条件。第五，市场调研和可行性研究等服务提供的只是信息。最后，按照 Hill 的定义，引起货物物理条件改变的经济活动是服务；显然，如果一项经济活动使这样的条件变化超过一定的度，就应该看成是货物生产而不是服务。由此产生的问题是，如何划分影响货物的服务和生产货物的活动？为此，一些经济学家对

Hill 的定义进行修改，但都不能克服上述所有问题。

以上的分析表明，现有的服务定义没有一个能把服务与货物完全区别开来。为了对国际服务交易进行深入研究，我们需要一个这样的定义。本文试图给出一个这样的服务定义。

我们首先看几个例子。我们在商店里购买的服装被认为是货物，而让裁缝缝制服装被认为是服务。同样，我们在商店里购买的食品被认为是货物，而在饭店里吃饭被认为是服务。这样划分的原因在于，我们没有参与前者的生产但参与了后者的生产。对运输、医疗、旅游和教育等服务的生产来说，更离不开消费者的参与。当然对货物来说，消费者也可以参与了它的生产过程，但这种参与不是必须的。例如，制鞋工人到商店里购买他所在工厂生产的鞋并不认为是服务，因为他不参与该鞋的生产也能得到它。因此，服务和货物的本质差异在于，在货物的整个生产过程中，生产者不需要和消费者进行接触，但在服务的生产过程中，生产者必须要和消费者进行接触。尽管 Fucks 和 Hill 以及其他经济学家都指出了服务的这一特征，但他们没有把它作为服务定义的核心。

因此，根据以上的分析，我们可以把服务（以及货物）定义如下：**服务可以定义为消费者必须参与生产过程或生产者必须参与消费过程的产出，而货物可定义为消费者不参与生产过程或生产者不参与消费过程的产出。换言之，服务要求生产者和消费者在生产和/或消费过程中必须进行接触。**这里所谓的产出可以是有形的，也可以是无形的；可以是可储存的，也可以是不可储存的。消费者参与生产过程主要体现在生产主导型服务，即由生产者提供具体的服务要约（服务内容、条件、价格等），消费者接受服务（参与生产过程），生产者参与消费过程主要体现在消费者

17

主导型服务，即服务生产者根据消费者需求来制定服务要约，根据消费者的需求来提供服务。服务消费者参与生产过程的对象可以是消费者本身或其代理人（当消费者是一个单位时）、也可以是其所属的物；参与的时间可以是整个生产过程、部分生产过程、或者仅仅是生产过程的最初阶段；参与形式可以是直接的或者是间接的。例如，理发要求消费者参与整个过程；冲洗相片要求消费者提供胶卷或底片（实际只参与了生产过程的最初阶段）；看电影需要消费者参与整个过程；照相服务需要消费者参与服务的部分过程；可行性研究要求消费者参与服务过程的最初阶段、向生产者提出可行性研究的要求；咨询可以采取消费者与咨询人员面对面的直接接触方式，也可以采用电话通讯的间接方式。

这一服务定义能够严格区分货物和服务。例如，消费者购买汽车肯定是货物而不是服务，因为他不必参与汽车的生产过程也能得到。消费者购买的通用软件是（无形）货物，而让软件公司根据消费者要求而编制的软件就是服务。同样，作曲家和画家的作品是货物，但他们根据消费者要求所创作的作品应该被看成是服务。

服务的特征

根据本文所给出的服务定义，我们可以得到服务不同于货物的几个基本特征。首先，定义本身说明，服务的消费者必须参与生产过程或者服务的生产者必须参与消费过程，而货物的消费者不必参与生产过程，货物的生产者也不必参与消费过程。由于没有消费者参与生产出来的东西是货物（有形的或无形的），因此从这种意义上来说，服务是不可储存的，从而不可在经济单位之间转移。这种不可储存性是逻辑上的不可能，与服务结果是否有形和可储存没有任何关系。但是，从产出的角度来看，有些服务是有形的（如建筑），有些是无形的（如电视广告制作）；有些服务是可储存的（如前面所举的两个服务），有些是不可储存的（如电视广告的播放和旅游观光）。对于可储存的服务而言，消费者所要的是服务的产出，服务的消费通常发生在生产过程结束之后。对于不可储存的服务而言，服务的消费肯定发生在生产过程中。而对于货物来说，不管是有形的或无形的，由于消费者不必参与生产过程，货物必然是可储存的，它的消费发生在生产过程之后。

其次，与货物相比，服务之间的异质性是非常大的。由于服务的接受者要作为服务的投入参与服务的生产过程或者服务的生产者要参与消费过程，接受者之间的差异会导致服务结果的差异，从而使许多服务的结果具有不确定性。例如，接受教育的同一班学生所学到的知识是大不相同的，原因在于，学生所学到知识不仅取决于老师的教学，而且还取决于学生本身的接受能力和课后自习情况。服务接受者的期望不同也会导致对服务满意度的不同，从而导致对服务质量的评价不同。一般来说，对于消费者间接参与生产过程的服务来说，同一种服务之间的异质性较小，而对于消费者本身直接参与生产过程的服务来说，同一种服务之间的异质性较大。服务的异质性导致服务质量信息的重要性。由于消费者对不同生产者提供的服务质量的了解是非常不完全的，消费者一旦对某个生产者提供的服务感到满意，就愿意继续购买该生产者的服务。对消费者来说，服务的价值会随着业务关系的持续而增加。因此，在服务交易中，生产者与消费者之间的长期关系就显得十分重要。

另外，几乎所有的货物交易都伴随着便利性服务，而几乎所有的服务交易也伴随着便利性货物。在现实中，几乎所有的货物必须通过运输和销售等服务才能到达购买者手中，而几乎所有服务的生产过程都要使用货物。例如，运输离不开运输工具，美容离不开使用化装品。消费者在购买服务的时候也购买了一定的货物。反之，消费者在购买货物的时候也购买了一定的服务。只有极少数的服务可以不需要货物，例如教唱歌和讲故事。同样，只有很少的货物买卖不包括服务，例如农村地区的小农贸市场上的农产品交易。

由于消费者要参与服务的生产过程，如果这种参与不能借助通讯工具来实现，那么不是消费者移动到生产者所在地就是生产者要移动到消费者所在地。而对货物来说，生产者和消费者根本不需移动。这种服务的国际交易形式与传统的国际（货物）交易形式有着很大的差异。

服务与货物的差异还表现在计量方面。由于货物的消费者不需参与货物的生产过程，货物的计量与消费者无关，只取决于货物本身的特征。货物通常只使用一个计量单位。与货物不同的是，服务的消费者要参与生产过程。因此，服务的计量单位通常要涉及服务本身的特征、消费者参与生产过程的对象以及参与的时间长短。于是，服务的计量单位是复合单位，即同时使用两个以上的计量单位。例如，货运的计量包括货物的计量单位（重量、体积或个数）和服务本身的计量单位（距离）。仓储服务的计量单位包括参与货物的计量单位和参与的时间。但是，有时可以省去其中的一个计量单位。如果每个服务中要求消费者投入的人或物是固定不变的，需求方面的计量单位就可以省去。例如，医院的各种化验和检查。如果服务的生产过程代表了一定的时间或者时间的长短对产出结果没有影响，时间单位就不必出现在服务的计量单位中。如果消费者得到的服务取决于其参与的多少，那么服务的计量就只用需求方面的计量单位来计量。例如，各种表演和展览的入场券。

最后，由于消费者必须参与服务的生产过程，因此服务显然是在消费者同意前提下由生产者提供的，而货物的生产根本不需要事先得到消费者的同意。

服务的分类

根据服务的定义和特征，我们可以对服务进行以下分类。首先，根据消费者参与生产过程的对象，可以把服务划分为影响人的服务、影响货物的服务和影响单位的服务。影响人的服务使消费者的身体或精神条件发生变化。例如，客运、理发以及各种医疗措施等服务会改变消费者的身体条件，而教育、音乐会和通讯则使消费者的精神条件发生变化。影响货物的服务使货物既可以发生物理变化也可以发生化学变化，如货运、邮件投递、维修、保养、清扫和装修等。而影响经济单位的服务使该组织的内部或外部条件发生变化，例如设备租赁和厂房保险。

其次，根据消费者参与生产过程的时间，可以把服务划分为全部参与的服务和部分参与的服务。

第三，根据消费者参与方式，可以把服务划分为直接接触的服务和间接接触的服务。例如，观看现场表演和手术是直接接触服务，而电话寻呼是间接接触服务。

第四，根据服务产出的表现形式，可以把服务划分为有形服务、可储存的无形服务和不可储存的无形服务。例如，建筑和装修是有形服务，电视广告制作和可行性调查报告是可储存的无形服务，而教育、音乐会、保险和运输是不可储存的无形服务。

第五，根据服务的消费与生产的关系，可以把服务划分为消费包含在生产过程中的服务和消费发生在生产过程之后的服务。例如，运输、旅游和教育的消费是发生在生产过程中，而维修的消费是在生产过程之后。不可储存的无形服务的消费过程一定包含在生产过程之中，反之却不然，因为可储存服务的部分消费也可以发生在生产过程中。

第六，根据服务与货物和其它服务的关系，服务可划分为生产性服务和消费性服务。生产性服务是指作为货物或其他服务生产投入的服务，如会计事务所提供的服务。而消费性服务是指用于最终消费的服务，如理发和看电影。

随着经济的不断发展，生产过程的社会化分工日益深化。许多企业内部分工逐渐变成企业之间的社会化分工。这样，许多经济活动就从货物的生产过程中独立出来，成为服务生产。同样，许多经济活动也从服务的生产过程中独立出来，成为货物生产。Bhagwati（1984a）把这个过程称为"分裂"或"脱离"现象。由于分裂出服务的现象远远大于分裂出货物的现象，这种变化必然导致服务业的就业和生产总值不断扩大，即使整个国民生产总值保持不变。因此可以说，服务业的快速增长部分归因于社会化分工的不断深化。实际上，许多国家在经济增长放慢或停滞的同时服务业仍保持扩大就充分说明了这一点。在市场经济条件下，影响货物的服务业不断扩张是经济发展的必然结果，是全社会劳动生产率提高的表现。这类服务在总量上需要与物质生产和经济发展水平保持协调发展。如果采取行政干预措施来限制或扩大这类服务的规模，就会造成不合理的资源配置，限制生产率的提高，从而阻碍经济发展。

第七，根据服务同时供一个还是多个经济单位消费，可把服务划分为个体服务和集体性服务。个体服务与集体性服务之间的区别在于，个体服务的消费具有排他性，生产者只能一个一个地为消费者服务，而集体性服务的消费没有排他性，生产者可一次为多个消费者服务。例如，理发、医疗和维修是个体性服务，因为一个服务只能有一个消费者；而运输、教育和演出是集体性服务，因为一个服务可同时被多个消费者消费。但是，集体性服务的非排他性只在一定的范围内成立。如果消费者过多、造成拥挤，就会产生排他性。大多数在中国乘过火车的人恐怕对这种排他性都有过亲身经历。纯公共性服务是集体性服务。当然，除了公共性服务之外，集体性服务可以成为个体服务。但这种改变会使服务的成本从而价格大幅度上升，例如出租车服务和家教。

第八，根据服务生产者的性质可把服务划分为私人提供的服务和政府提供的服务。一般来说，服务既可由私人部门也可由政府部门来生产，实际情况取决于政府的政策。但是，有些服务无法由私人生产、只能由政府生产，例如国防和公安。它们被称为纯公共性服务。这类服务具有一些不同于其他服务的特点。纯公共性服务对单个经济单位来说可能是不需要的，但对整个集体或社会而言却是必不可少的。它们是在整个社会集体同意前提下生产的。这些服务的消费不能被观察到。要想区分消费这些服务的经济单位和没有消费这些服务的经济单位是不可能的。纯公共性服务没有排他性，即增加或减少一个消费者不会对其他消费者产生任何影响。因此，通常把一定范围内的所有经济单位都认定是该服务的消费者。服务的收费只能采取税收方式。

上述给出的服务定义，克服了现有其他定义的不足之处，既包含了所有的服务又充分说明了服务与货物的本质区别。服务是消费者必须参与其生产过程才能得到的商品，而货物是消费者不必参与其生产过程就能得到的商品。从消费者必须参与其生产过程的意义上来说，服务是不可储存的。但是从产出的角度来看，存在有形的服务、可储存的无形服务和不可储存的无形服务。不可储存服务的消费发生在生产过程中，而可储存服务的消费通常发生在生产过程结束之后。要求消费者参与的特征，导致有些服务要求消费者移动到生产者所在地或生产者移动到消费者所在地。另外，消费者所得到的服务不仅取决于生产者而且还取决于消费者本身。服务的计量单位也与需求方面有关。

在现实中，单个服务是很少见的。服务通常是以不同服务的组合或不同服务和货物的组合出现的，尤其在国际贸易中。这在一定程度上可能会影响我们对服务和货物的比较分析。

2.2 国际服务贸易的交易方式

国际服务贸易的交易方式

根据上一节给出的定义，服务是消费者必须参与生产过程或生产者必须参与消费过程的产出。服务消费者参与生产过程的对象可以是消费者本身或其代理人（当消费者为单位时）、也可以是其所属的物；参与形式可以是直接的或者是间接的。消费者的参与表现为：（1）利用通讯工具；（2）消费者移动到生产者所在地；（3）消费者把参与生产过程的货物移动到生产者所在地；（4）生产者移动到消费者所在地。在国际服务交易中，人或物的移动是在两个国家之间。考虑到与国际交易有关的服务是发生在国家之间的空间，国际服务交易可以划分为以下五种：[①]

（1）消费者和生产者都在各自国家所进行的服务交易；

（2）消费者移动到生产者所在国进行的服务交易；

---

① Bhagwati（1984）和 Sampson & Snape（1985）所提出的划分没有考虑第五种国际服务交易。

（3）消费者所属的物移动到生产者所在国进行的服务交易；

（4）生产者移动到消费者所在国进行的服务交易；

（5）便于国际交换的服务交易。

第一种国际服务交易是借助各种通讯手段进行的，显然都是国际贸易。第二种国际服务交易也是国际贸易，如；出国旅游和旅行、出国看病和出国观看体育比赛。第三种服务交易表现为货物的进出口，通常被划入国际货物贸易范围，如来料加工、来样加工和来件组装。这些国际服务交易是生产者所在国的出口和消费者所在国的进口。第五种国际服务交易是最早出现的服务贸易，通常被称为贸易服务或交易服务，其中一国生产者为本国消费者提供的服务通常也被看成是本国的服务出口。

第四种国际服务交易既有贸易也有投资。例如，外国的医生到本国来、在某个医院为病人进行手术治疗，实际上应该看成是他在向该医院提供劳务，医院向病人提供手术治疗。这种医疗服务的国际交易是贸易活动。如果外国医生到本国设立诊所向病人提供服务，就应该看成是投资活动。另外，外国航空公司在本国设立销售机票办事处所从事的是销售服务的直接投资。由于服务的生产也要用到劳动和资本，因此，除少数几种情况（如运输和海上石油勘探）外，生产者移动到另一国提供服务时所使用的资本货物不能太多，因为把资本品运来运去的成本或提供服务后就地出售的成本太高。因此，国际服务贸易中生产者移动另一国提供的服务主要是劳务，要求生产者移动的非劳务服务基本上是不可贸易的，只能采取直接投资的方式。但是，一国居民移动到另一国提供服务后要在短期内离开该国，否则就要被看成移民。由于各国都严格限制劳务的进口以减少本国的失业，因此生产者移动到另一国提供服务是投资问题而不是贸易问题。

根据上述有关服务贸易交易方式的讨论，除第五种贸易服务外，国际服务贸易表现为通讯手段的使用，把货物运到另一国接受服务再运回①，本国居民的出国旅行和外国居民的进入。服务贸易并不是像 Grubel（1987）所认为的那样，完全表现为人或物的国际流动。

实际上，国际货物交易也存在三种交易方式：（1）消费者和生产者都在各自国家所进行的货物交易，即传统的货物贸易；（2）消费者移动到生产者所在国进行的货物交易，如旅游者在外国购买的货物；（3）生产者移动到消费者所在国进行的货物交易，即直接投资。由于货物移动到服务生产国所进行的服务交易通常被看成国际货物贸易，因此除了便于国际交换的国际服务交易之外，国际服务交易与国际货物交易具有相同的交易方式，只是不同交易方式的重要性不同罢了。一些国际服务交易只能采取消费者移动的交易方式，而另一些又只能采取生产者移动（即直接投资）的交易方式，还有一些可以采取两者都不移动的交易方式（即传统的贸易方式）。相对来说，大多数国际货物交易可以采取这三种交易方式的任何一种。

2.3 国际贸易理论与服务贸易

在现有的贸易理论中，解释贸易产生原因和贸易格局的理论主要有比较优势和规模经济。但是，贸易理论是以货物为基础的，所分析的都是货物贸易。根据本文的定义，服务的消费者要参与服务的生产过程而且有些服务的消费

---

① 极少数接受服务的货物并不返回原始国，如把卫星运到外国接受发射服务。

与生产是同一个过程；但是货物的消费者不需参与货物的生产过程，货物的消费与生产是分离的。因此，在国际贸易中，一些服务贸易表现为消费者或生产者跨越国界，而任何货物贸易都可在消费者和生产者不移动的条件下进行。那么，服务与货物之间的差异是否会影响比较优势理论和规模经济应用于服务贸易？换言之，这些差异是否会改变比较优势和规模经济的表现形式？

比较优势与服务贸易

国际贸易产生的一个主要原因是国际价格差异。假设只存在两个国家（本国和外国）和两种商品 A 和 B，两种商品的价格在本国和外国分别为 P_a、P_b 和 $P_a{}^*$、$P_b{}^*$。如果两种商品的相对价格在两国之间不相等，即 $P_a/P_b \neq P_a{}^*/P_b{}^*$，那么，在信息完全和不存在交易成本的前提下，一个国家可通过出口其贸易前相对价格较低的商品和进口其贸易前相对价格较高的商品而获得好处。这就是最基本的比较优势原则。一个国家的比较优势表现为贸易前相对价格较低的商品。假设 $P_a/P_b < P_a{}^*/P_b{}^*$，那么本国就应该出口商品 A 和进口商品 B，外国则相反。显然，这种比较优势原则不仅适用于货物也适用于服务。

从生产的角度来看，服务和货物一样都是在一定技术条件下使用各种生产要素生产出来的。因此，商品的相对价格差异来源于技术的不同或生产要素成本的差异。

两个国家在生产商品中所使用的技术差异反映在劳动生产率差异上。劳动生产率差异不仅可以解释货物之间的价格差异，而且可以解释货物与服务之间以及服务与服务之间的价格差异。根据劳动价值论，一种商品（不管是货物还是服务）的价值（从而价格）与它的劳动生产率成反比。从国内的角度来看，如果商品 A 的劳动生产率提高快于商品 B 的，那么商品 B 的相对价格就要上升。在国际上，外国生产所有商品的劳动生产率可能都比本国的高。但只要两国的生产率差异对所有商品来说不是完全相同，两国之间的商品价格就会存在差异。如果外国生产商品 A 的相对劳动生产率高于本国的，而本国生产商品 B 的相对劳动生产率高于外国，那么商品 A 的价格在外国相对较低，商品 B 的价格在本国相对较低。此时，一个国家的比较优势表现为生产率相对较高的商品（服务或货物）。通过出口其生产率相对较高的商品和进口其生产率相对较低的商品，每个国家都可从中获得利益。

从总体水平来看，货物部门的生产率增长平均快于服务部门的生产率增长。货物生产率相对较高的国家人均收入也高。因此，服务的相对价格与人均 GDP 之间呈现出一种正相关的关系。这种正相关关系是由 I. B. Kravis、A. Heston 和 R. Summers 在 1982 年通过实证分析首先发现的。就某些服务而言，由于劳动生产率提高很慢，它们的价格在高收入国家变得很高，致使某些服务已经消失或总量很小。例如发达国家的理发价格相对很高，从事佣人工作的人数很少。

两国之间的要素禀赋差异也可以说明货物与货物之间、货物与服务之间以及服务与服务之间的相对价格差异。如果不考虑技术因素，货物和服务的成本取决于生产所需的要素密集程度和要素价格。如果两个国家不存在生产技术方面的差异，那么劳动密集型货物和服务的相对价格在劳动丰富的国家较低，在劳动缺乏的国家较高；资本密集型货物和服务的相对价格在资本丰富的国家较低，在资本贫乏的国家较高。就一般情况而言，一个国家的比较优势表现为密集使用其禀赋相对较丰富生产要素的商品（货物或服务）。通过出口密集使用其禀赋相对较丰富的生产要素的商品和进口密集使用其禀赋相对较贫乏生产要素的商品，一个国家从中可获得利益。

从总体水平上来看，服务是劳动密集型的，而货物是资本密集型的。发达国家的相对资本禀赋较高，不发达国家的劳动禀赋相对较多。因此发达国家的服务相对价格平均高于不发达国家的，服务价格与人均收入呈一种正相关关系。就不同服务而言，资本密集型的服务在发达国家的相对价格要低于不发达国家的，而劳动密集型的服务价格则相反。

因此，比较优势原则不仅适用于货物，而且也适用于服务。但比较优势的实现对货物和服务来说是不同的。在不考虑交易成本的情况下，货物的比较优势通过贸易或投资都可以实现，贸易与投资是完全相互可替代的；而对于要求生产者移动到消费者所在地的服务，比较优势的实现只能通过直接投资来实现。交易成本的存在使这些服务的国际交易完全类似于非贸易货物的国际交易，即它们的比较优势只能通过直接投资来实现。

比较优势原则不仅适用于货物和服务，也适用于生产这些商品的要素服务等中间投入。在不考虑交易成本的前提下，商品贸易和要素服务贸易之间是可替代的。在一定假设条件下，不管采取什么贸易方式，要素含量的净贸易流量是唯一确定的。实际上，劳动要素是一种特殊的服务（劳务）；资本要素是一种无形货物，但资本的借贷（间接投资）是金融服务。由于商品的出口伴随着一国禀赋较贫乏的生产要素的出口，这显然是一种福利的损失。因此，要素服务等中间投入的贸易对整个世界产生的福利要大于商品贸易所产生的。从这个意义上来说，商品贸易和要素服务贸易之间是不能完全相互替代的。

在现实中，许多货物与服务是以组合的形式进行交易的。仅仅只看其中的货物或服务部分（或者只看其中的一部分货物或服务）可能会违反比较优势原则。此时应该考察的是组合商品的比较优势。另外，传统上所考虑的国际贸易是货物与货物之间的交换。实际上，国际贸易还可以是货物与要素之间的交换、服务与服务之间的交换、服务与要素之间的交换和要素与要素之间的交换。此时，所考虑的比较优势应该是所交换对象之间的比较优势。

关于比较优势应用于服务贸易的两种观点

早在 80 年代初当人们把注意力开始转向服务贸易时，就面临比较优势原则是否适用于服务贸易这样的问题。绝大多数人认为比较优势原则完全可以毫无困难地应用于服务贸易，但也有人对此提出了疑问。

最早论述比较优势原则适用于服务贸易的人是 Hindley 和 Smith（1984）。他们认为忽略货物与服务之间的区别不存在可担心的理由，因为货物本身也不是同质的，不同货物具有明显不同的特征。然而这些差异并不影响我们应用比较优势理论。因此，服务与货物之间的差异也不应该影响比较优势理论的应用，理论上没有必要区别货物与服务。

但是，Hindley 和 Smith 承认某些服务行业具有的一些特征，如政府管制的盛行或要求要素移动，会影响比较优势的观察。由于政府对许多服务行业实行发放许可证和其他管制，因此某些经济原理需要加以发展才能进行解释。一个常见的论点是，实行发放许可证和其他管制是为了保护不能鉴别所得到服务的消费者或者是为了防止"破坏性竞争"。但 Hindley 和 Smith 强调管制只是试图获取经济地租，其作用非常类似于关税或配额。Benz（1985）和 Ewing（1985）认为，许多服务不可贸易是因为政府为保护国内生产者利益（以损害消费者为代价）而设置的避垒。Inman

（1985）认为，不对称信息问题的存在使服务购买者很难鉴别服务的价值和质量，因此政府管制可以发挥作用。

当然，Hindley 和 Smith 也注意到，许多服务实际上是不可贸易的，生产者必须移动去提供服务而不是出口服务。他们认为，尽管实证贸易理论也许不能预测比较优势将表现为贸易流动、投资流动或劳动流动，但比较优势原理本身是成立的。因此，如果一个服务在某个国家的贸易前价格较高，那么该国通过进口该服务、或允许劳动者进入或外国直接投资来提供该服务就可获得好处。

但是，也有人对比较优势理论应用于服务贸易提出了疑问。Deardorff（1985）认为，至少有三个特征可能会导致比较优势原理不成立：（1）某些服务的需求仅仅是货物贸易的派生需求，因此不存在贸易前价格；（2）许多服务涉及要素移动；（3）某些要素服务如管理和技术技能可以从国外提供。论证结果表明，前两个特征并不影响比较优势理论应用于服务贸易，但第三个特征会导致比较优势原则不成立。

Deardorff 建立了一个只有两个国家、两种要素、一种货物和一种服务的 Hechscher—Ohlin 模型来说明。其中假设服务是不可贸易的，生产要素为劳动和管理。两个国家分别用 H 和 F 表示。假设 H 国具有相对较丰富的劳动力。如果服务是劳动密集型的，那么 H 国在生产服务方面具有比较优势。但是，比较优势的来源在于 H 国相对便宜的劳动，因此 F 国的管理人员有动机移动到 H 国与当地的劳动力结合起来提供服务以换取货物。Deardorff 认为这个结果违反了比较优势原则，因为"劳动贫乏的 F 国出口的是劳动密集型服务，尽管贸易前 F 国的服务成本高于 H 国的"（Deardorff，1985，第 65 页）。显然，这里的服务贸易被定义为 F 国的管理者在 H 国所生产的服务，而不是要素（管理）服务的出口。Deardorff 本人也注意到比较优势原则可以被修复，如果把它重新解释为管理服务的出口。此时，F国在管理方面具有比较优势，因为贸易前 F 国管理人员的工资较低。实际上，应该注意的是，根本没有明显的理由把非贸易部门称为服务。如果非贸易部门生产的是货物而不是服务结果仍然成立。

Deardorff 声称，如果 H 国的比较优势表现为服务生产的技术优势，这样的修复就会出现问题。假设 H 国的服务生产发生了中性的技术进步，而且当 H 国的管理人员到 F 国去工作时可以把这个新技术带去。这样，H 国就可能出口管理服务，即使贸易前管理人员的收益较高。但是，此时的管理服务出口伴随着技术的出口，或者说管理服务在两国之间是不同质的。

实际上，这种贸易格局的含义是不清楚的。H 国的管理人员到 F 国工作后是否意味着 F 国的服务业也变得和 H 国的一样有效率？如果是的话，仅仅是对使用外国管理人员的企业还是对所有的企业？如果是后者，那么 H 国就不再拥有技术优势。如果是前者，生产服务的两种技术如何能在 F 国同时存在？Jones（1985）指出，如果技术具有增加要素的效果，那么两个国家实际上具有不同的生产要素，此时就不再有困难确定比较优势。

显示出的比较优势

有关服务贸易的统计资料显示出，发达国家和发展中国家在运输服务、旅游服务其他非官方服务方面具有不同的比较优势。表 2—2 显示的是 1995 年工业化国家和发展中国家的服务进出口占其全部服务进出口中的比例。运输服务在服务出口中的比例在发达和发展中国家几乎相同，但发达国家的运输服务在服务进口中的比例明显低于发展

中国家的。因此可以说，发达国家在运输服务方面比发展
中国家有优势。发达国家的旅游服务在服务出口中的比例
小于在服务进口中的比例，而发展中国家的情况恰恰相反，
旅游服务在服务出口中的比例大于在服务进口中的比例。
这表明发展中国家在旅游服务方面比发达国家有优势。但
是，就其他非官方的服务来说，它在两类国家的整个服务
出口中的比例都大于在全部服务进口中的比例，两者之差
比较接近（分别为 3.22 和 2.30）且两者之比相差也不大
（分别为 1.08 和 1.07）。发达国家在其他非官方服务贸易
方面只显示出非常微弱的优势。

　　表 2—3 提供的是 1985 年和 1995 年发达国家服务贸易
在世界服务贸易中的份额。这些数据显示，工业化国家的
旅游服务的出口在世界旅游服务出口中的份额小于它的旅
游服务进口在世界旅游服务进口中的份额，运输服务出口
在世界运输服务出口中的份额大于它的运输服务进口在世
界运输服务进口中的份额，其他非官方服务出口在世界出
口中的份额也大于其进口在世界进口中的份额。而发展中
国家的情况恰恰相反。这在一定程度上也说明，发展中国
家在旅游服务贸易上有比较优势，而发达国家在运输服务
贸易和其他非官方服务贸易上有比较优势。

表 2—2

1995 年不同类型国家的服务贸易分布 （%）

	运输服务贸易		旅游服务贸易		其他非政府服务贸易	
	出口	进口	出口	进口	出口	进口
工业化国家	24.42	27.61	29.68	31.03	41.61	38.39
发展中国家	24.51	34.85	35.32	23.91	36.98	34.68

　　数据来源：根据 IMF《Balance of Payments yearbook》1996 年的数据计算
得出。

表 2—3

工业化国家服务贸易占世界服务贸易的份额（%）

	运输服务贸易		旅游服务贸易		其他非政府服务贸易	
	出口	进口	出口	进口	出口	进口
1985	71.91	64.27	68.34	74.67	74.20	71.36
1995	74.95	66.66	73.59	78.46	77.25	62.93

数据来源：根据 IMF《Balance of Payments yearbook》1996 年和 1992 年的数据计算得出。

上述结论基本上符合国际贸易理论中的比较优势原则。旅游服务是劳动密集型的，运输服务是资本密集型的，而包含在其他非官方服务中的大多数服务（如保险、银行业务、租赁、工程咨询和专利）是知识和技能密集型的。因此，从宏观上来看，发展中国家应该在劳动密集型的旅游服务贸易上有优势，而发达国家应该在资本密集型的运输服务和知识与技能密集型的服务贸易上有优势。

但是，应当注意的是，由表 2—2 和表 2—3 所得出的发达国家和发展中国家在服务贸易上所具有的比较优势是相对比较优势，即比较优势中的相对优势。一个国家可能在这三类服务贸易上都有比较优势，它的相对比较优势也不一定完全符合我们就两类国家所得出的结论。例如，美国 1995 年在这三个服务贸易项目上都有顺差，分别为 30.6 亿美元（运输服务）、229.4 亿美元（旅游服务）和 351.1 亿美元（其他非官方服务）。因此，美国在运输服务、旅游服务和其他非官方服务贸易上均有比较优势，但比较优势最大的（相对比较优势）是其他非官方服务贸易，最小的（相对比较劣势）是运输服务贸易。

规模经济与服务贸易

规模经济是指产量增加会导致成本节约，企业的总成本函数满足条件：$C(aY_1, aY_2, \ldots, aY_n) < aC(Y_1, Y_2, \ldots, Y_n)$，其中 $a > 1$，Y_1，Y_2，$\ldots$，Y_n 表示不同的或者是有差异的产品的产量或产值。规模经济又可分为工厂水平上的规模经济和企业水平上的规模经济。工厂水平上的规模经济主要产生于固定物质投入，有两种表现形式。一方面，商品的生产所使用的某种不可分固定投入可以支持的生产规模很大。另一方面，各种固定投入所支持的生产规模不一样，要使这些固定投入都被充分利用的最小生产规模很大。就好像一组整数具有较大的公分母。工厂水平上的规模经济表现为单个生产工厂规模较大。企业水平上的规模经济主要产生于一些具有半公共性质的固定投入，如广告、管理以及研究与开发。企业水平上的规模经济通常表现为生产工厂数量较多，而不是单个生产工厂规模较大。随着通信技术的发展，这些投入可被共享的地理范围不断扩大。今天的通信技术已使这些带有公共性质的投入在世界的大部分地区被共享。由此产生的规模经济对服务生产企业的重要性远大于货物生产企业。原因在于，后者可选择在靠近消费者的地方就地生产产品或把在另一个地方生产出来的产品运到消费者所在地，而前者在大多数情况下只能选择在靠近消费者的附近就地生产。

产业内贸易理论认为，如果生产商品的内部规模经济无法在一个国内市场完全实现，国际贸易有助于贸易国家都实现规模经济，从而对双方都有好处。许多服务的生产也存在工厂水平上的规模经济，例如运输等非纯公共性的集体服务。但还有许多服务的生产存在企业水平上的规模经济，即企业所有的服务生产网点都在最佳规模上运行，

国际服务贸易理论分析

而生产网点的增加会导致平均成本的下降。对于生产者移动到消费者所在国进行生产的服务来说，规模经济只可能是企业水平上的。生产者移动到消费者所在国进行生产只能采取直接投资的交易方式，用要素流动来代替服务贸易。就这种情况而言，规模经济的实现要求国际投资的自由化，而不是国际贸易的自由化。

我们可以用一个垄断竞争模型来描述。假设在国外的生产点与国内的具有完全一样的成本结构，而且每个生产点都在平均成本最低点的最佳规模（x）上进行运行，每个生产点面临的平均成本函数为 $AC = c$。假设某个服务行业共有 n 个企业，每个企业有一种无形资产（成本为 F）供其 m 个生产网点共同享受。这样，每个企业的总产出为 mx，总成本 $TC = F + cmx$，平均成本 $AC = c + F/(mx)$，边际成本 $MC = c$。

假设该服务行业是垄断竞争的，每个企业面临的需求曲线为 $X = mx = S[1/n - b(P - P_0)]$，其中 $b > 0$，S 表示价格为 P_0 时整个行业的市场容量。那么边际收益 $MR = P - X/(bS) = P - mx/(bS)$。在一个垄断竞争市场上，长期均衡条件是 $MR = MC$，$X = S/n$，即 $mx = S/n$。于是我们得到

$$AC = c + \frac{F}{mx} = c + \frac{nF}{S} \qquad (2.1)$$

$$MR = P - \frac{mx}{bS} = P - \frac{1}{bn} = c = MC$$

即
$$P = c + \frac{1}{bn} \qquad (2.2)$$

在长期均衡时每个企业的超额利润为零，即 $AC = P$。由（2.1）和（2.2）两式可得

$$C + \frac{nF}{S} = c + \frac{1}{bn}, \quad 即 n^2 = \frac{S}{bF}$$

36

从而　　$m = \dfrac{S}{nx} = \dfrac{n^2 bF}{nx} = \dfrac{bFn}{x}$　　(2.3)

故　　$\dfrac{\triangle m}{m} = \dfrac{\triangle n}{n} = \dfrac{1}{2} \dfrac{\triangle S}{S}$　　(2.4)

由此可得，随着市场的扩大，企业的数量与生产网点数量以较慢的速度在增加，但成本和价格在下降。假设只有两个国家而且在开展国际贸易与投资前两个国家的某一服务的市场容量、价格、企业的个数以及每个企业的网点数分别为 S1、P1、n1、m1 和 S2、P2、n2、m2。如果开展国际服务贸易与投资，使一国的企业能到另一国去生产服务，那么，世界生产该服务的企业数量（n）满足

$$n^2 = \frac{S_1 + S_2}{bF} = n_2^1 + n_2^2$$

$$n_1 + n_2 > n > \text{Max}（n_1,\ n_2）$$

即，允许国际服务贸易与投资后，世界生产该服务的企业数量会多于每个国家原有的数量但少于两者之和。而且由表达式（2.3）可知，每个企业拥有的生产网点数量（m）也满足同样的条件：

$$m_1 + m_2 > m > \text{Max}（m_1,\ m_2）$$

根据表达式（2.2）可知，开展国际贸易与投资后的服务价格降低于贸易前的。如果 $m_1 = m_2 = 1$，上述所描述的就是工厂水平上的规模经济情形。

　　因此，规模经济不仅会导致货物的国际交易，而且也会导致服务的国际交易。不同的是，产业内贸易理论强调贸易自由化对实现规模经济的作用。但是，对于那些要求生产者移动的服务来说，贸易的交易成本太大，因此只能采取直接投资，以要素流动代替商品贸易。对这些服务来说，规模经济只能在投资自由化的条件下才能实现。换言之，对某些服务来说，规模经济导致要素（尤其是服务生

产所需的特定要素）流动和直接投资。例如，银行业服务的生产存在规模经济，其规模经济的现实在国际上主要表现为国际直接投资。显然，这样的分析同样适用于运输成本很高因此不可贸易的货物。

2.4 小结

本章的分析表明，现有的服务定义都是不完备的，不是把服务部门定义的太大（包含一些货物）就是太小（没有包含一些服务）。本章把服务定义为消费者必须参与生产过程或生产者必须参与消费过程的产出，而货物可定义为消费者不必参与生产过程或生产者不参与消费过程的产出。不同的服务对消费者参与的要求是不同的。参与的对象可以是消费者本身或消费者所属的货物或两者；参与的时间可能是整个或部分生产过程；参与可以是直接的或间接的。因此服务的质量比货物的更加不稳定，部分取决于消费者的参与。

我们的定义表明，由于不要求消费者参与生产过程的商品是货物，因此从这个意义上来说，服务是不可储存的。服务的这种不可储存性与服务的产出是否有形没有任何关系。从产出的角度来看，服务既有有形的也有无形的。同样，货物也有无形和有形之分。服务是不可在经济单位之间转移的，而货物可在经济单位之间转移。

由于服务的消费者必须参与服务的生产过程，因此根据消费者和生产者的国际移动特点可把服务的国际服务化分为五类：（1）消费者和生产者都在各自国家所进行的服务交易；（2）消费者移动到生产者所在国进行的服务交易；（3）消费者所属的物移动到生产者所在国进行的服务交易；（4）生产者移动到消费者所在国进行的服务交易；（5）发生在国界之间，便于国际商品交换的服务交易。国际运输和国际通信的便利程度和成本大小决定了国际服务贸易的交易方式和可贸易程度。本章的分析表明，现有的贸易理论完全可以应用于服务的国际交易。对于那些要求生产者移动到消费者所在国提供的服务来说，它们的国际交易类似于不可贸易货物的国际交易，即只能采取直接投资的国际交易方式。现有的统计数据表明，发展中国家在旅游服务上有相对的比较优势，而发达国家在运输服务和其他非官方服务上有比较优势。

第3章 接触成本与服务的可贸易性

3.1 接触成本概念及其影响因素

在我们对于服务的定义中，无论是消费者参与生产过程或者是生产者参与消费过程，都表现为生产者与消费者进行接触的过程（可以是直接接触，也可以是间接接触）。这种接触在生产者和消费者之间必然会产生费用，直接接触至少会产生移动费用如交通费、住宿费等，间接接触会产生通信费、咨询费用等，我们把这种接触过程产生的费用称之为接触成本。

影响接触成本的因素有以下方面：（1）接触成本与接触时间正相关，通常是接触时间越长，支付费用越多，如：许多律师咨询按小时收费，而电信服务则直接计时收费。（2）接触成本与生产者和消费者之间的空间距离有关，同等情况下，通常距离越远，费用越高。（3）接触成本与服务生产地的经济发展水平及生活水平有关，如同样的理发服务，在美国可能需要支付10美元，而在中国可能只需支付1美元。（4）接触成本与服务生产地的法律环境有关，若服务生产地法制健全，依法办事，所付出的法律费用就会小，反之如果法制不健全，一旦遇到法律纠纷，服务的生产者和消费者都可能遭受巨大损失。（5）接触成本与服务生产地的安全环境有关，若服务生产地的社会治安条件不好，或者正遭受恐怖威胁甚至处于战争状态，都会给服务的生产者和消费者带来极大的安全隐患，支出额外的费用。（6）接触成本与服务生产地的社会环境、基础设施等有关，社会环境如行政管理水平、人力资源水平等都会影响到接触成本。（7）接触成本与科学技术发展水平有关，如互联网的发展和普及可大幅度减少直接接触的成本。（8）接触成本与服务生产者的知名度和信誉度有关，若服务生产者的知名度高，信誉好，则在生产过程中所支付的费用（即购买服务的价格）较高，如请一个著名的外科医生做手术将支付更高的手术费用。（9）接触成本与服务生产者提供的环境有关，如高级餐厅与普通餐厅，同样的菜品所支付的费用不同。（10）接触成本与服务生产者提供服务场地的位置有关，如服务生产者提供服务场地是在商业区或闹市区，则费用较其他地区高。

在以上所列影响接触成本的因素中，并非所有的成本因素都会同时发生，通常对不同的服务类型某个或者某几个因素的影响较大，而其他因素影响较小或者没有影响，比如消费性服务的接触较大，因为通常在消费型服务中，消费者参与了生产的全过程，接触时间较长，接触成本也较高。总之，我们认为，接触成本是一个重要的概念，接触成本高，则说明服务的贸易成本较高，在影响接触成本的诸多因素中，社会环境、安全条件、法律制度等因素是国家、政府才能提供的公共服务产品，创造和提供良好的社会环境，降低接触成本将会促进服务贸易的进一步发展。

3.2 接触成本的构成

Hirsch（1988）把消费者和生产者的接触成本在商品

价值中的比重定义为 S—因素

$$S = (Ps + Rs) / U \qquad (3.1)$$

其中 Ps 表示生产者在接触过程中所承担的成本，Rs 则表示消费者在接触过程中承担的成本，U 则是商品的价值，通常 $0 \leqslant S \leqslant 1$，若 $S = 0$，则称为"纯粹的货物"，若 $S = 1$，则称为"纯粹的服务"。现实社会中"纯粹的货物"和"纯粹的服务"都极为少见，在商品贸易中伴有服务内容，即使是在较为纯粹的服务（如理发服务可能还会附带产品的使用）也可能含有商品销售。

现在来考虑 Ps，即生产者在接触过程中所要承担的成本，此处，我们进一步将 Ps 假设为服务的生产者为了向消费者提供服务这个产品所必需支付的成本，则 Ps 应该包含以下内容：

注册资本金：作为服务提供商，必须具有合法的商业身份，建立合法的企业，就必须要有足够的注册资本金，各个国家的对企业的注册资本金要求不一样，在我国从事咨询、服务类的企业最低要求的注册资本金是人民币 10 万元（是所有企业的最低注册资本金），而对商业银行的注册资本金最低要求是 10 亿元人民币。

固定成本：服务生产者产生的固定成本有：固定的服务场所（既是注册企业的要求，也是提供服务所需要）的租赁费，装修费，设备购置费（包括网络设备，交通工具，电器设备，计算机系统，办公家具），人力资源费（此处的人力资源可能只是小部分高级管理人员需支付部分固定薪酬）。

变动成本：为了提供服务必要的原材料（如提供餐饮服务所要准备的柴、米、油、盐、肉、蛋、禽等原材料），所聘人员的薪水（可能和绩效挂钩），办公费用，通信费用，广告费用，差旅费用，培训费用，激励费用，水、电及财务、法律费用等。

　　当然 Ps 不是每次服务都要支付全部费用，但也有可能支付了全部费用而仍然未能为消费者提供到任何服务（即没有客户），所以，作为服务生产商（服务提供商），其整个成本的构成都是为了为消费者提供服务——即与消费者一起生产服务的过程。所以服务提供商的成本都是接触成本。

　　现在来看 Rs，即消费者所承担的接触成本，应当包含以下成本：

　　服务费用： 此成本为消费者为了获得该服务项目所支付的价格，如看电影需要支付电影票价，接受培训需要支付培训费用，而旅游观光也需要支付门票等。

　　移动费用： 为了获得服务所需的交通费用（如上医院看病），食宿费用（如观光旅游）

　　时间成本： 按本书对服务的定义，为了获得某项服务，消费者需要参与其中，参与过程所消耗的时间需要支付时间成本，该成本既包含了消费者本人的人力成本，也包含了消费者的机会成本。

　　在以上分别对服务生产者和服务消费者接触成本的分析中，我们可以看到成本的构成是不一样的，我们将进一步分析服务生产者所支付的成本较高，在支出了较大成本后企业当然期望有更多的消费者进行消费。

　　在以上分别对服务生产者和服务消费者接触成本的分析中，我们可以看到成本的构成是不一样的，由于服务生产者和消费者各自承担接触成本的不同，定义了服务的可贸易性，并由此产生了服务贸易的不同模式。

3.3 服务的可贸易性

　　国际贸易产生的一个主要原因是国际价格差异。在现实世界中，国际交易成本的存在会阻碍贸易的发生。如果贸易前的价格差异小于交易成本，价格差异就不会产生贸易；只有当贸易前的价格差异大于交易成本，贸易才会发生。但是，影响交易成本的因素对货物和服务来说是不同的，对不同货物和不同服务也是不同的。WTO 将国际服务贸易按其是否伴随着有形商品贸易分为国际追加服务和国际核心服务两大类。

国际追加服务是附着于商品贸易而提供的追加服务，对消费者来说，商品实体是核心效用，而服务只提供了追加效用，这些追加服务是实现商品贸易所必须的服务，但随着新技术的不断发展，这种追加服务越来越左右消费者的商品选择，尤其是知识密集型的追加服务正在被广泛应用于有形商品生产的各个阶段，比如商品生产的初期阶段，要有可行性研究，市场调研，风险分析，产品构思和设计等前期准备和研发，在商品生产中期阶段，要有质量控制与监测，设备租赁、维护和保养等，同时还有财务会计、人事管理、情报和图书资料收集整理与应用、不动产管理、法律、保险、通信、卫生安全保障以及职工后勤供应等诸多内容。在商品生产后期需要有广告、运输、商品使用指导、退货索赔报纸以及零部件供应等一系列后续服务内容。对于以上所述的各追加服务内容中，国际运输、通信等追加服务对于国际交易来说，至关重要，甚至可以改变国际贸易的模式，一个比较典型的案例是定制商品服务，定制商品，尤其是小额定制商品（定制服装），由于要求特殊需要消费者与生产者多次接触，接触成本非常高，导致定制服装的价格昂贵，除了少数有钱人外，一般人没有消费能力。但随着交通、通信、网络技术的发展及经济全球化的进程，可以在全球范围内进行采购和定制，据有关资料计算若采用定制衬衫在美国的售价约 70 至 150 美元之间，但同样的东西在中国约 15 美元，巨大的价格差异导致了比较优势，但其贸易的可能性受到运输速度和接触成本（主要是通讯成本）的制约，因为每个顾客的尺寸、式样、对布料品质、颜色等要求都不相同，要想通过通信或者电话联系沟通，在以前根本不可能，即使是在 10 年前从美国打国际长途电话也需要 3 美元/分钟，对于一件衬衫的特殊要求也许十分钟都说不明白，这样一来光电话费可能就要花 30 美元，再加上快递费，关税、代办费等费用，到美国的到岸价已经达到了 62 美元左右，使得这种商品贸易成为不可能，但是现在，通信成本已经降到很低，甚至可以忽略不计，才使得这种定制商品的贸易成为可能，即接触成本的降低可能改变商品贸易的模式。

一个国内商品的成本（等于收益，零利润条件）仍然分解为四个组成部分：

$$U = P_i + P_s + R_i + R_s \qquad (3.2)$$

其中 P_i 和 R_i 分别表示生产者和消费者单独承担的成本（生产成本），P_s 和 R_s 分别表示生产者和消费者在接触过程中分别承担的接触成本。

相对应的是，一个消费者购买外国商品的价格（等于成本）同样可以分解为四个组成部分：

$$U^* = P_i^* + P_s^* + R_i^* + R_s^* \qquad (3.3)$$

购买外国商品时的接触成本 通常大于购买国内商品时的接触成本 。假设

$$P_s^* + R_s^* = (P_s + R_s)(1 + T) \qquad (3.4)$$

则 $T > 0$。本国居民购买外国商品是由于外国商品的价格较低 ，于是

$$dP_i + dR_i + (P_s + R_s) T < 0 \qquad (3.10)$$

其中 $dP_i = P_i^* - P_i < 0$，$dR_i = R_i^* - R_i < 0$。则

$$| dP_i + dR_i | > (P_s + R_s) T \qquad (3.11)$$

从式（3.4）可得

$$T = \frac{dP_s + dR_s}{P_s + R_s} \qquad (3.12)$$

其中 $dP_s = P_s^* - P_s > 0$，$dR_s = R_s^* - R_s > 0$。

则式（3.11）可得

$$| dP_i + dR_i | > | dP_s + dR_s | \qquad (3.13)$$

因此，在国际追加服务贸易中，同质性商品在两国的生产成本差异大于接触成本差异，生产成本差异体现了两国间商品的比较优势，而这种比较优势的实现则在于接触成本的高低。所以只要降低接触成本，就可以扩大货物贸易。国家追加服务正是服务提供者不断改善服务质量，从而降低了接触成本的国际差异，使商品的可贸易性增强。我们将在下一章中以国际交易服务贸易为题进一步分析。

国际核心服务：即指与有形商品的生产和贸易无关，而作为消费者单独购买的，为消费者提供核心效用的服务。按照我们定义的服务的概念，根据服务提供者与消费者接触的情况不同，可分为面对面（face to face）服务型和远距离（long distance）服务型。

面对面服务需要服务生产者与消费者双方实际接触才能实现其服务。如电影放映，金融服务，这种面对面服务可以是生产者移动到消费者所在地或者消费者移动到生产者所在地（如旅游服务），也可以是双向移动。

远距离服务型是指服务提供者与消费者不需要面对面接触，而只需通过某种媒介（如通讯网络）即可提供相关服务，如通过国际通信卫星传播的视听服务，包括国际新闻报道，体育赛事报告，娱乐节目和传真服务等。

在 WTO 框架内，国际服务贸易经常项目主要为：（1）国际运输；（2）国际旅游；（3）跨国银行、国际金融公司及其他金融服务；（4）国际保险和再保险；（5）国际信息

46

处理和传递、电脑及资料服务；（6）国际咨询服务；（7）建筑和工程承包等劳务输出；（8）国际电讯；（9）广告、设计、会计管理等服务；（10）国际租赁；（11）维修和保养、技术指导等售后服务；（12）国际视听服务；（13）教育、卫生、文化艺术的国际交流服务；（14）商业批发与零售服务；（15）其他官方国际服务等。在这些服务项目里，我们将进一步分析哪些项目适合于生产者移动（从而必须使生产要素流动，进行跨国投资）或者消费者移动，而哪些项目可以用长距离服务的方式提供服务。

从我们对接触成本的构成分析看，服务的生产者所付出的成本均为接触成本，而消费者除了要支付购买服务的价格外，还要付出移动成本和时间成本。我们将这个消费者额外负担的移动成本和时间成本定义为附加接触成本。

对于服务提供者而言，一个服务的价格就是其所付出的接触成本，我们定义为 P_s；对于服务的消费者而言，消费该服务的接触成本 为服务的价格 和附加接触成本 I_s。则始终存在消费者的接触成本高于服务提供者的接触成本。服务的接触成本 S 因素为

$$S = \frac{2P_s + I_s}{U} \qquad (3.21)$$

在式（3.21）中，无论是生产者移动到消费者所在地所产生的费用（包含在服务价格中），还是消费者移动到生产者所在地所产生的费用（包含在消费者承担的附加接触成本 I_s 中），在消费过程中最后都由消费者承担，因此，国际核心服务的可贸易性，取决于接触成本的高低，降低接触成本能提高服务的可贸易性，不取决于生产者还是消费者的移动。下面分三种情形展开讨论：

（1）生产者到消费者所在地提供服务情形

有的服务要求生产者必须移动到消费者所在地才能提

供服务，典型项目是国际建筑和工程承包及其劳务输出，由于大型建筑和工程项目大都采取国际招标制度，项目建设地是明确和固定的，服务的提供商必须移动到消费者地以满足消费者的要求。此时接触成本全部由服务生产商承担，但由于国际招标的建筑工程项目通常标底较大，服务提供商无论是作为前期费用还是作为成本支出，接触成本所占比例都比较小，提供这类服务的企业通常不一定需要进行国际投资，建立跨国企业，也能提供较好服务。

但是对于大多数面对普通民众提供服务的项目来说，如果不是必须要移动，对具有同质的服务内容，消费者一般不会舍近求远（这里假定服务内容和服务质量完全相同，从而消费者获得的效用完全相同），所以消费者是否愿意移动，决定于愿意支付额外接触成本的比例，即消费者所支付的额外接触成本与所购买服务价格的比例，如果额外接触成本所占比例较小，则消费者可能愿意接受较远的服务——即移动到服务生产者的地方接受服务，除了必须要由消费者移动到生产地才能提供的服务（如旅游、留学），否则大多消费者只愿意接受家门口的（生产者移动到当地提供的或者消费者在当地就能获得的）服务。服务生产者最好（有的是必须）移动到消费者所在地才能提供更好的服务。这类企业是必须进行跨国投资才能提供服务，如国际运输；跨国银行、国际金融公司及其他金融服务；国际电信；广告、设计、会计管理等服务；维修和保养、技术指导等售后服务；教育、卫生、文化艺术的国际交流服务；商业批发与零售服务等。由于这些行业提供服务涉及社会生活的各个方面，并且各个国家对相关行业的管理政策各不相同，各国对专业要求的不同，法律环境也有巨大差异，比如各国对金融行业的管理都十分谨慎，因为金融（尤其是商业银行、商业保险关系到国家的金融安全和社会稳定）

关系国家经济发展的稳定性，又如大部分专业技术人员都有资格和资质要求，像医生都必须要有职业资格，教师也需要从业资格等。由于这些服务所涉及消费者十分广泛，如果消费者移动到服务生产者所在地消费，由于（相比较服务价格）其巨大的附加接触成本，导致消费者宁愿放弃这种服务的效用（对大多数消费者来说）也不可能移动到服务生产者所在地进行消费，所以这类行业适合进行跨国投资，以便为当地消费者提供服务。

生产者移动到消费者所在地提供服务，则降低了消费者的附加接触成本，而提高了生产者的接触成本，因而提高了服务品的价格。在其他条件不变的情况下，服务的可贸易性取决于消费者承担的附加接触成本的降低程度，极端情形就是消费者的附加接触成本为零，即 $I_s = 0$，这时

$$S = \frac{2P_s}{U} \tag{3.22}$$

在目前的"面对面"服务贸易中，"上门服务"是使消费者承担的附加接触成本最小化的主要形式。

在附加接触成本确定的情况下，服务品价格决定服务的可贸易性，服务价格则决定于生产者的接触成本，在生产者的接触成本中，移动到一个地方 n（n = 1, 2……N）的成本是固定的，这时服务的可贸易性取决于该服务品的生产类型，通常来说，规模收益递增型服务品可贸易性最强，规模收益不变型服务品可贸易性弱，规模收益递减型服务品可贸易性最弱。规模收益递增型服务品可以在服务规模中分摊接触成本，从而降低交易成本。

（2）消费者到生产者所在地接受服务情形

另一种服务是消费者必须移动到服务生产者所在地才能提供服务，比较典型的服务即为旅游观光服务，这类服务主要是因为生产地特有的地形地貌、气候条件、社会环

49

境和人文、文化环境的不可移动、不可复制性要求只有消费者身临其景才能体会和感受到应有的氛围，也才能达到消费者期望的效用，此时移动费用（附加接触成本）可能是消费者支付服务价格的主要构成部分。除了国际旅游服务是必须消费者移动到服务生产地之外，其他一些国际服务如；教育（尤其是高层次的留学教育，通常都是发展中国家的学生到发达国家留学，即发达国家向其他国家出口教育服务）也是消费者移动到生产者所在地接受服务。某些大型设备租赁；国际保险和再保险；还有部分国际咨询业因消费者附加接触成本与其服务标的相比较较小，消费者也愿意移动到生产者所在地。

由于消费者移动到生产者所在地接受服务，降低了生产者的接触成本，从而降低了服务品的价格，但提高了消费者承担的附加接触成本。在这种贸易方式中，附加接触成本和该服务品在国内外的可替代性决定了服务品的可贸易性，在附加接触成本很高的情况下，国外服务品价格再低也难以形成贸易，因此在双边或多边经济合作中，人员和交通工具出入境便利化的制度性框架协议和实施安排变得十分重要，其实质是大幅降低了附加接触成本，增强了本地服务品的可贸易性。一种服务品在国内外市场上的可替代性也是该服务品可贸易性的决定因素，具有完全替代弹性的同质服务产品，附加接触成本再低也不具有可贸易性，而完全不可替代的服务产品，附加接触成本不是该产品可贸易性的决定性因素，而是由消费者的购买力和服务价格决定，在其他条件不变的情况下，服务产品在国内外市场上的可替代性越强，该服务品的可贸易性越弱。

（3）生产者和消费者不移动的情形

第三类行业是服务生产者和消费者所需付出的接触成本均较少，服务生产者无需进行跨国投资也能很好的为消费者提供服务的行业，这类行业主要是国际信息处理和传递、电脑及资料服务；国际电讯；国际视听服务。由于现代通信技术和通信网络化的发展，大大缩小了人们空间距离感，而电脑相关软件产品生产的标准化，使得软件的生产和消费可以不需要（或者只需要较少）面对面地接触也可以完全达到消费者需求，又由于软件产品的传送完全可以通过网络完成，所以现在发展较快的行业之一是软件外包服务，同时大型数据库（如各种科技期刊库，各种资源数据库）检索服务，各种影视资料下载服务，各种资料查询、搜索服务等与互联网相关的产业都发展得十分迅速，而它们因为不需要消费者移动或者说消费者的接触成本较小，生产商支付的接触成本也较小，从而生产商不需进行跨国投资，消费者也无需支付额外接触成本。具有巨大的成本优势，是今后发展的方向，同时如果网络安全问题若得到很好解决的话，今后会大大减少其他服务业的接触成本。

　　生产者和消费者由于不移动而不必承担直接接触成本，但存在间接接触成本，随着互联网的发展和普及，这类服务贸易的规模在不断扩大。这类服务产品的生产者和消费者通过交易媒介将直接接触成本转换为间接接触成本，就充分发挥了服务品的规模报酬递增和交易媒介的规模报酬递增，使接触成本最小化。由于生产者和消费者所承担的接触成本最小，生产者和消费者不移动情形的服务品可贸易性最强。生产者和消费者都不移动，成为国际服务贸易的发展趋势。

3.4 可贸易性估算

　　对有形货物来说，国际贸易的交易成本主要产生于把该货物从一个国家运输到另一个国家的成本。这种运输过程是单向的，而且交易成本与所交易的货物密切相关。无形货物是体现在有形货物当中的，因此它的交易成本取决于该有形货物的运输成本。随着通信技术的发展，越来越多的无形货物可以通过电子通信来传送。在这种情况下，无形货物的交易成本就取决于电子传输成本。但是，不管是有形的还是无形的，货物的交易成本从而它们的可贸易性取决于货物本身和所使用的运输技术。

对服务来说，情况大不一样。首先，对于货物的国际运输这类特殊的服务来说，除了石油等少数几种货物的运输之外，基本上不存在这样的交易成本。因此，国际运输服务的可贸易性最大，阻碍国际运输服务国际贸易的障碍是人为制造的。其次，对于借助通信工具进行的服务贸易来说，交易成本表现为通信成本，与可通过电子通信传送的无形货物的交易成本完全一样。随着通信技术的发展和成本的不断下降，这类服务的可贸易性在迅速增加。第三，对于把货物运输到另一国参与生产过程的服务来说，由于货物在接受服务后还要返回，运输是双向的。这种服务的交易成本取决于接受服务的货物往返运输的成本。因此，这种服务的可贸易性较之参与服务生产过程的货物本身的可贸易性要小得多。最后，对于消费者或生产者移动到另一国所发生的服务来说，交易成本取决于消费者或生产者从本国移动到另一国，在该国停留然后返回所产生的成本，包括吃住行的费用。这类服务的交易成本很大，却与真正需要或提供的服务本身没有任何关系。因此，它们的可贸易性很小。现实中所观察到的大量国际旅游服务贸易是由于互通有无而产生的，主要取决于收入水平而不是价格差异。

在现实中，没有服务，货物不可能从生产者那里跑到消费者手中，而服务通常也伴随着货物。因此，任何商品都是服务和货物的组合。由于服务要求消费者参与其生产过程，因此消费者为得到商品都需要与生产者接触。一个商品的价值 U 可分解为四个组成部分：

$$U = P_i + P_s + R_i + R_s$$

其中 P_i 和 R_i 分别表示生产者和消费者单独承担的成本，P_s 和 R_s 表示生产者和消费者在接触过程中分别承担的成本。Hirsch（1988）把消费者和生产者的接触成本在商品价值中的比重定义为商品交易的 S—因素：

$$S = (P_s + R_s) / U \qquad 0 \leqslant S \leqslant 1$$

当一个商品交易不需要消费者和生产者接触时，$S = 0$。当一个商品交易需要消费者在整个生产过程中与生产者接触时，$S = 1$。此时，商品的消费过程和与生产过程完全重叠。Hirsch 把 S 因素为 0 的商品称为"纯粹的货物"，把 S 因素为 1 的商品称为"纯粹的服务"。"纯粹的货物"和"纯粹的服务"在现实中是很少见的，商品（货物或服务）通常都具有非负的 S 因素。他认为，服务的 S 因素大于货物的 S 因素值。但是一些服务的 S 因素小于货物的。根据本文的服务定义，服务的 S 因素取决于消费者直接参与生产过程的多少。对于消费者提供所属货物参与生产过程的服务来说，它的 S 因素几乎等于 0。对于消费者间接参与生产过程的服务来说，它的 S 因素较小。对于消费者直接参与生产过程的服务来说，它的 S 因素较大。消费者参与服务生产过程的比例越大，服务的 S 因素越大。

我们可以把商品的 S 因素看成是商品的服务含量。一个商品的 S 因素在很大程度上决定了它的可贸易程度。一个消费者购买外国商品的成本 U^* 同样可以分解为四个组成部分：

$$U^* = P_i^* + P_s^* + R_i^* + R_s^* 。$$

购买外国商品时的接触成本（$P_s^* + R_s^*$）通常大于购买国内商品时的（$P_s + R_s$）。假设

$P_s^* + R_s^* = (P_s + R_s)(1 + T)$，

则 $T > 0$。本国居民购买外国商品是由于外国的价格较低（即 $U^* - U < 0$），于是

$dP_i + dP_s + (P_s + R_s) T < 0$

$$\frac{|dPi + dRi|}{U^*} > \frac{Ps + Rs}{U^*} T$$

其中 $dP_i = P_i^* - P_i < 0$，$dP_s = P_s^* - P_s < 0$。如果用 $S^* = (P_s + R_s)/U^*$ 表示国际商品贸易的 S 因素，那么商品的可贸易条件就是

$$\frac{|dP_i + dP_s|}{U^*} > S^* T$$

S^* 和 T 通常都是大于 0 的，两者共同限制了商品的可贸易性。

在总体水平上，服务的 S^* 和 T 平均值大于货物的平均值。因此，服务的可贸易性在宏观上小于货物的可贸易性。服务贸易在国际贸易中的份额小于服务在 GDP 中的份额在一定程度上说明了这一点。表 3—1 显示了美国和中国等六国的服务在出口和 GDP 的份额。服务在 GDP 中的份额变化范围是 32%—70%，但服务在（服务和货物）出口中的份额只有 13.12%—27.73%。后者与前者之比率在某种程度上可以用来代表服务（相对于货物）的可贸易性。该比率显示，服务的可贸易性最多只相当于货物的 40%。如果我们把非货物出口占经常项目收入的份额来代替服务在出口中的份额，服务的可贸易性也只相当于货物的 40%—60%。

表 3—1

服务在出口和 GDP 中的份额（1994）与服务的可贸易性

	服务占 GDP 的份额(%)（1）	服务在出口的份额(%)（2）	服务相对于货物的可贸易性(3) = (2)/(1)	非货物在经常项目收入中的份额(%)（4）	修正的服务相对于货物的可贸易性(5) = (4)/(1)
美　国	70	27.73	0.40	40.31	0.58
日　本	58	13.12	0.23	35.83	0.62
新加坡	64	19.27	0.30	24.84	0.39
韩　国	50	17.46	0.35	21.35	0.43
泰　国	50	20.74	0.41	26.58	0.53
中　国	32	13.86	0.43	18.72	0.59

数据来源：服务占 GDP 的份额来自《世界银行发展报告》1996 年；

其他数据根据 IMF《Balance of payments yearbook》1996 年的数据计算得出。

与货物的可贸易性一样，服务的可贸易性还受到政策因素的限制。除了外汇管制和直接限制使用外国提供的服务之外，国际服务贸易的交易特点表明政策壁垒主要还有以下几种形式：

（1）限制国际通信的使用，如严格控制计算机国际联网、提高国际通信费；

（2）限制出口货物的再进口；

（3）限制本国居民出国旅行和提高出国的成本，如限制出国人员的类别，复杂的出国手续和较高的手续费用，以及出国须要交纳一笔押金；

（4）限制外国居民的进入和停留时间，以及他们的就业机会。

以上的分析表明，影响货物和服务可贸易性的因素有本质的不同。货物可贸易性的自然障碍取决于货物本身的特点和运输技术。而就服务可贸易性的自然障碍来说，一些服务的可贸易性取决于服务本身的特点和运输技术；另一些服务不存在交易成本；还有一些服务的交易成本与服务本身没有任何关系，而是取决于服务接受者或提供者跨国界移动的成本，包括往返运输成本和在他国停留的成本。因此，影响货物和服务可贸易性的人为因素也有本质的不同。除了外汇管制之外，限制货物贸易的人为障碍都是直接针对货物本身的；而许多限制服务贸易的人为障碍是针对服务生产者或消费者的。服务贸易面临的限制较多或许也是导致服务的可贸易性相对于货物来说较低的一个原因。

3.5 小结

本章引入了接触成本和附加接触成本（即除了购买服务的价格之外的额外费用）的概念并由此分析基于 WTO 框架下不同服务类型的可贸易性。进一步分析了（1）生产者到消费者所在地提供服务，（2）消费者到生产者所在地提供服务，（3）生产者和消费者不移动等情形下各自适应的服务贸易类型。并对服务的可贸易性进行了大体估算。

与货物的可贸易性一样，有些服务是可贸易的而另一些是不可贸易的。有些服务可贸易性很大而另一些服务的可贸易性较小。服务的可贸易性在总体水平上小于货物的可贸易性。有关的统计数据显示，服务的平均可贸易性最多只有货物的60%。

本文下面的分析和讨论将不考虑单独的国际服务贸易，而是要考虑作为商品（货物和服务）生产和交换所需服务

的国际贸易。我们将分析和讨论三类服务的国际贸易：与
国际商品交换相关的国际交易服务贸易，作为商品生产性
投入的服务贸易，以及生产要素服务贸易。由于这些服务
都涉及商品，我们在分析和讨论这些服务贸易时将把它们
与商品贸易联系起来考虑。

第4章 国际交易服务贸易

4.1 引言

没有国际运输和通信等国际交易服务就不会有国际商品贸易。反之，由于对国际交易服务的需求是一种派生的需求，没有国际商品贸易也就没有国际交易服务。因此，研究国际交易服务贸易离不开国际商品贸易，在国际商品贸易的研究中也应该纳入国际交易服务贸易。但是，在很长一段时间里，国际交易服务在国际贸易理论分析中一直没有受到应有的重视。在贸易理论模型中，国际交易成本一般都被假设为零或者被事后用来解释贸易均衡时国际间价格差异的原因。这种情况至今还反映在国际贸易理论的教科书中（见 Krugman（1994）和 Lindert（1991））。

但是，自50年代以来，就有一些经济学家试图把国际交易服务最重要部分的国际运输纳入国际贸易的理论分析中。最早把运输问题引入国际贸易一般均衡模型分析中的人是 Samuelson 和 Mundell。Samuelson（1954）在讨论战后单边转移（赔偿）问题时首先考虑了运输成本对贸易条件的影响。尽管他明确指出运输成本所造成的自然障碍与关税所造成的人为障碍存在着本质的不同，即运输要消耗资源而关税则否，但他在所使用的模型中并没有把运输部门从贸易部门独立出来，而只是把运输成本假设为运输过程中贸易商品的消耗（用冰块在运输过程中的融化部分比喻运输成本)。Mundell（1957b）在 Samuelson 的研究基础上，更进一步探讨了运输成本由谁负担的问题，并把运输成本对贸易条件、转移问题、最佳关税以及要素价格的影响做了更广泛的分析。Mundell 也强调了运输部门消耗资源的特征，但他仍然没有把运输部门独立区分出来。因此，在 Samuelson 和 Mundell 的研究中，运输成本所消耗的资源直接以最终产品的形式来表现。这种分析方法限制了进一步讨论运输成本的资源再分配效应的能力。

与 Samuelson 和 Mundell 不同的是，Herberg（1970）首先把运输部门从贸易部门中独立出来。尽管 Herberg 假定每个国家都可以提供国际运输服务，但在所使用的模型中却假设各国运输自己的进口商品。这一假设只适用于一些单向运输的商品（如石油），运用到其他商品时则意味着运输存在单程空载。该假设显然不合理，因此受到后来研究者的批评。另外，假设各国只为自己的进口商品提供运输服务，也使各国的要素禀赋和生产技术无法有效地融入现有贸易理论模型中以决定哪国有能力提供较多的国际运输服务。

Falvey（1976）把国际运输服务部门作为一个独立部门引入 Hechscher—Ohlin 贸易模型中加以讨论。在他的模型中，各国的要素禀赋和产业要素密集度决定了国际运输（进口和出口商品的运输）服务由哪一个国家提供。对运输生产国来说，提供国际运输服务产生的效应可分解为隐含的关税效应（Implicit Tarrif Effect）和资源成本效应（Resource Cost Effect）。Falvey 把资源成本效应引入模型分析中。但是，由于 Falvey 假设国内外生产国际运输服务的成本相同，因此没有区别和比较进口和生产运输服务的效应。实际上，进口国际运输服务也存在隐含的关税效应和资源成本效应。我们下面将看到，它们与生产国际运输服务的效应既有相同之处也有不同之处。上述学者在研究中都没有考虑国内运输服务的存在及其贸易。Melvin（1985a，1985b）把国内运输成本纳入对国际贸易的分析中，但没有考虑国内运输服务的国际贸易。Ryan（1987）在分析中把国内运输看作为内生变量，并考查了国内运输服务的国际贸易及其影响。

本章借用有关运输服务贸易的分析方法来分析和讨论交易服务及其贸易。国内交易服务是国际交易服务的一个组成部分，但也具有相对的独立性和作用。因此，在考察国际交易服务之后，我们还将考察国内交易服务。与现有研究不同之处表现在，我们强调一个国家进口和生产国际交易服务的不同效应，并对交易服务的关税效应和资源效应进行了深入的分析。在考虑交易服务贸易之前，我们先考察一下交易服务与时间和空间的关系。

4.2 时空限制与交易服务

每个人都非常熟悉时间和空间，因为我们所做的每一件事都离不开时间和空间。正因为如此，我们把它们的存在看成是理所当然的。实际上，时间和空间对人类活动会产生稀缺和富裕两种完全不同的限制。一方面，时间和空间是人类生产活动和消费活动必不可少的投入。任何生产过程需要占据一定的空间和时间。而任何商品的消费也需要时间和空间，不过时空在消费中的重要性可能没有它们在生产中的那么重要。尽管生产和消费需要时间和空间，但在另一方面，我们在市场出清过程中又面临太多的时间和空间。如果生产者和潜在的消费者相距遥远，我们就拥有太多的空间。此时，空间成为市场出清必须要克服的限制。同样，如果消费者想在将来某个时候消费现在生产出来的商品，那么就必须找到一种方法来克服时间限制以实现市场出清。因此，尽管人类存在时间和空间稀缺的问题，但同时也面临时间和空间富裕的问题。有趣的是，我们在生产和消费过程面临时空稀缺的限制，而在生产和消费两个过程中的市场出清和分配阶段却面临着时空富裕的限制。

时间和空间对市场出清的限制至少表现出两个不同的特点。首先，某些经济活动（接触性服务的生产和消费）要求生产者和消费者同时在同一个地方，即生产过程和消费过程是不可分的同一个过程。这是时间和空间对经济活动施加的最严厉限制。其次，对于生产和消费可以分离的经济活动来说，如果生产者和消费者在时间和空间上相距太远，时空就会对经济活动产生限制。当我们面临太多时间和空间时，就要使用资源来克服这些限制。交易服务就是人类为克服时空富裕限制所采取的中介经济活动。国际交易服务是为了克服属于不同国家的生产者和消费者之间所面临的时空富裕限制，而国内交易服务是为了克服位于同一国家的生产者和消费者之间所面临的时空富裕限制。交易服务的国际贸易使人类能以较少的资源去减少所面临的时空富裕限制，从而增加贸易双方的福利。

4.3 国际交易服务的关税效应和资源效应

为了便于比较分析，我们从无国际交易服务即交易成本为零的理想情形开始。这是在标准贸易理论分析中所采取的基本假设之一。国家被视为一个经济单位。在标准的两个国家和两种商品的标准模型中，贸易条件取决于本国和外国的供给曲线（Offer Curve）。我们用图 4—1 来说明。横轴表示本国的出口和外国的进口，纵轴表示本国的进口和外国的出口。OH 和 OF 分别表示本国和外国的供给曲线。两条曲线相交于 C 点。本国出口 OA 和进口 AC，外国则相反。贸易保持平衡。直线 OC 的斜率就是贸易条件 P。

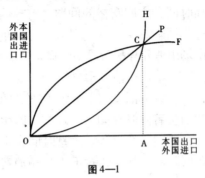

图 4—1

在这种情况下,国际商品贸易对本国的福利影响可用图 4—2 来说明。假设只有两种商品 X 和 Y。T′QQ′T 表示本国生产商品 X 和 Y 的可能性边界。贸易前本国的商品生产和消费位于 Q 点,贸易后本国的生产位于 Q′而消费则位于 C′点。P 表示本国贸易前的价格水平,P′表示本国贸易后的价格水平。由于不存在国际交易成本,P′也表示本国的进出口商品的贸易条件。本国出口 BQ′的商品 X 和进口 BC′的商品 Y。国际商品贸易使本国的福利水平从 U 提高到 U′。

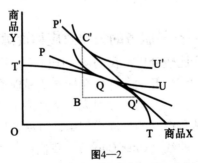

图4—2

在只有两个国家、两种商品和两种生产要素的标准 Hechscher—Ohlin 理论模型中, 在没有国际交易成本等假设条件下，我们已有了一些著名的结论。它们是：

（1）Stopler—Samuelson 定理：从没有贸易到自由贸易的转变会导致本国稀缺生产要素的实际收益下降和丰富生产要素的实际收益上升。因此，贸易保护措施会提高稀缺生产要素的实际收益。

（2）要素价格均等化定理：自由贸易不仅使商品价格均等化，而且还使要素价格均等化。

（3）Rybczynski 定理：如果商品和要素的价格不变，一种生产要素的增长会导致密集使用该要素的商品产出增加，并使密集使用另一种要素的商品产出减少。

本国进口全部国际交易服务的关税效应和资源效应

如果国际交易成本不为零,本国出口同样数量的商品所换取的进口商品数量要少于交易成本为零时所能换取的。在本国不从事国际交易服务活动的情况下,一部分出口商品被用来支付所使用的国际交易服务。因此,对于同样的国际商品价格水平,交易成本的存在使本国愿意出口的数量减少。这在图4—1中表现为本国的供给曲线逆时针旋转。而外国的供给曲线顺时针旋转。我们用 OH′和 OF′分别表示运输成本不为零时本国和外国的供给曲线(见图4—3)。

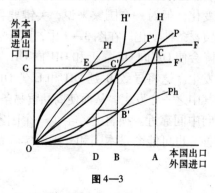

图4—3

国际交易成本的存在使本国的出口为 OB，得到的进口是 BB′，分别小于无交易成本时的 OA 和进口 AC。国际贸易所使用的交易服务成本用出口商品和进口商品来衡量分别是 DB 和 B′C′。作为国际交易服务的进口国，本国将用 DB 的出口商品用于支付交易服务的进口。对外国来说，商品的出口和进口分别为 OG 和 GE，小于无交易成本时的 AC 和 OA。EC′表示用进口商品衡量的国际交易服务的成本。因此，Ph 和 Pf 分别表示本国和外国的实际（包含了国际交易成本的）贸易条件。与无交易成本时的情形相比，交易成本的存在使本国和外国的贸易条件恶化。新的国际商品均衡价格（不包含国际交易成本的贸易条件或者称之为名义贸易条件）为 P′。它可能大于、等于或小于无交易成本时的均衡价格 P。P′的值越大，本国承担的国际交易成本负担也越大，而外国的负担越小。如果本国是一个不能影响国际价格的小国，那么 OF 是一条直线且 OF′与 OF 重合、从而使 Pf 等于 P。此时，本国将承担所有国际交易服务的成本负担。如果外国是一个不能影响国际价格的小国，那么 OH 是一条直线且 OH′与 OH 重合，从而使 Ph 等于 P。此时，外国将承担所有国际交易服务的成本负担。

国际交易服务单位成本的变化会使名义的和实际的贸易条件发生变化。但对一个国家来说，关键要看实际的而不是名义的贸易条件变化。在图 3—3 中，国际交易服务单位成本的下降会使 OF′向 OF 靠近和 OH′向 OH 靠近或至少其中之一会发生。这将导致 B′延 OH 和 E 延 OF 向右上方移动或至少其中之一会发生，从而使商品贸易条件 Ph 和 Pf 中至少一个向中间靠近。换言之，至少一个国家的实际贸易条件会改善，也可能会是本国和外国的实际贸易条件同时改善①；反之，国际交易成本的增加至少使其中一个国家的商品贸易条件恶化，也可能使本国和外国的实际贸易条件恶化。在本国和外国的商品贸易条件呈同向变化的时候，国际交易成本的下降总是促使国际商品贸易扩大，而国际交易成本的增加总是使国际商品贸易减少。

如果用 Tx 和 Ty 分别表示国际交易服务成本与本国出口和进口商品 FOB 价值之比，即在图 3—3 中表现为 $T_y = B'C'/BB'$ 和 $T_x = EC'/GE$，那么本国和外国的商品价格之间存在以下关系：

$$P_x^* = P_x \ (1 - T_x)$$
$$P_y^* = P_y \ (1 - T_y)$$

其中 P_i 和 P_i^* 分别表示本国和外国的商品价格。于是，国内外的价格满足下列关系：

$$\frac{P_x^*/P_y^*}{P_x/P_y} = \ (1 + T_x) \ (1 + T_y)$$

如果把 P_i 和 P_i^* 看成是本国和外国贸易前的价格，那么贸易产生的条件是

$$\frac{P_x^*/P_y^*}{P_x/P_y} \neq \ (1 + T_x) \ (1 + T_y)$$

如果在上述不等式中是左边大于右边，则本国应出口商品 X 和进口商品 Y；如果是左边小于右边，则本国应出

---

① 这是 Falvey（1976）得到的结论之一。Casas（1981）认为这是不可能的，理由是一国的贸易条件是另一国贸易条件的倒数；但他同时又承认两个国家的国内商品价格可以反向变化。Casas 所指的贸易条件显然是名义上的贸易条件 P 而不是实际的贸易条件。既然他承认两个国家的国内商品价格可以反向变化，那么作为影响两国国内商品价格重要因素的进出口商品价格变化当然也可以呈现出反向变化。由于一国的出口是另一国的进口，国际交易成本的下降可以使两国的实际贸易条件同时改善。因此，Falvey 是对的，而 Casas 是错的。

口商品 Y 和进口商品 X。交易成本的存在会改变商品贸易流量的大小：交易成本越高，贸易流量越小。如果交易成本太高，就会限制商品贸易的发生。但交易成本的存在并不改变商品贸易的格局，不管贸易流向是由技术差异、资源禀赋或需求偏好决定的。换言之，传统贸易理论对贸易格局的解释不受国际交易成本的影响。

国际交易服务成本对本国商品生产和消费以及福利水平的影响可用图 4—4 说明。假设国际交易服务不产生效用，只有商品产生效用。在没有交易成本的情况下，本国的商品生产和消费分别位于 Q 点和 C 点。交易成本的存在使本国的商品生产和消费移至 Q'点和 C" 点。本国的福利水平也从 U 下降至 U"。从出口的 FOB 价值和进口的 CIF 价值来看，交易成本只存在于进口商品。因此，如果在交易成本为零时对进口商品征收与交易成本等值的关税，那么本国的商品生产仍位于 Q'点但消费却位于 C'点。此时，本国的福利水平为 U'。因此，国际交易成本的存在对本国福利的影响可分解为两个组成部分：从 U 点移动到 U'点和从 U'点移动到 U"点。前者类似于关税产生的影响，被称为隐含的关税效应（Implicit Tarrif Effect）；后者是指本国用出口支付国际交易服务产生的影响，可把它称为间接的资源成本效应（Indirect Resourse Cost Effect）。换言之，国际交易服务的关税效应使本国的福利减少了 U − U'，而资源成本效应使福利减少了 U' − U"。在消费方面，两种效应所对应的消费变化表现为从 C 点移动到 C'点和从 C'点移动到 C"点①。在商品生产方面，国际交易服务的关税效应使本国的生产从 Q 点移动到 Q'点，而资源成本效应对商品生产无

① Falvey（1976）认为国际交易服务（运输）成本的存在使消费位于 C'点。这一错误由 Casas（1981）指出。

影响。但是，本国获得国际交易服务的资源成本用出口商品X来衡量是Q″Q′。

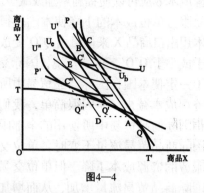

图4—4

　　国际交易服务单位成本的变化会使本国的福利水平和获得国际交易服务的资源成本发生变化。单位国际交易服务成本下降使本国的商品贸易条件得以改善。这将促使国际商品贸易的扩大，从而导致本国增加商品X的生产和减少商品Y的生产，最终提高本国的福利水平。这在图4—4中表现为本国的生产从Q′点移动到A点，消费从C″点移动到%点，而福利从U″增加到Ue。尽管单位国际交易服务成本下降使本国的福利水平增加，但是它的关税效应和资源效应对福利水平的影响却不一样。在新的单位交易服务成本水平上，U－Ub代表国际交易服务所隐含的关税效应，而Ub－Ue代表它的资源成本效应。因此，单位国际交易服务成本下降所隐含的关税效应使本国福利发生的变化是（U－U′）－（U－Ub）＝Ub－U′＞0，而它的资源成本效应使本国福利发生的变化是（U′－U″）－（Ub－Ue）＝（Ue－U″）－（Ub－U′），可以大于、等于或小于0。换言之，当单位国际交易服务成本下降时，它所隐含的关税效应使本国的福利增加，但它的资源成本效应却不一定使本国的福利增加。反之，国际交易服务单位成本的上升总是减少本国的福利水平，其中，它所隐含的关税效应使福利减少，而资源成本效应可以使福利增加或减少。

国际交易服务单位成本的下降使本国获得国际交易服务的资源成本用出口商品 X 来衡量由 $Q''Q'$ 变成 DA。DA 可以大于、等于或小于 $Q''Q'$。也就是说，国际交易服务单位成本的降低不一定使本国在国际商品贸易中所使用的国际交易服务的资源成本减少。原因很简单，我们这里所指的资源成本是指国际商品贸易中所使用的全部国际交易服务的成本。在国际商品贸易流量不变时，单位交易成本下降将导致交易服务的资源成本下降。但单位交易成本的下降通常会促使国际商品贸易流量增加，从而增加对国际交易服务的需求。如果国际交易服务的需求增加所导致的资源成本增加超过交易成本的下降所导致的资源成本节约，就会导致国际交易服务的资源成本增加。当这种资源成本增加的太多时，就会使资源成本的福利效应扩大，从而导致单位交易成本下降的资源成本效应使本国的福利不但没有增加反而减少。

在本国不生产国际交易服务的情况下，单位交易服务成本的下降导致出口商品的相对价格上升，从而使消费从 C'' 点移动到 E 点，生产从 Q' 点移动到 A 点。贸易条件（出口 FOB 价与进口的 CIF 价之比）的改善使本国出口商品的生产增加，进口商品的生产减少，并促使商品贸易扩大。

国际交易服务所隐含的关税效应显然阻碍了商品价格从而要素价格实现国际均等化，并使本国稀缺的生产要素受到保护。因此，单位国际交易成本的下降将使一个国家的丰富生产要素的实际收益增加和稀缺生产要素的实际收益降低，并使整个国家的福利水平减少；而单位国际交易成本的增加则有相反的结果。

本国提供全部国际交易服务的关税效应和资源效应

在存在国际交易服务的情况下，除了选择不生产交易服务、用出口商品换取国际交易服务外，一个国家还可以选择直接生产本国所需的所有国际交易服务。本国提供所有国际交易服务对本国福利的影响与本国不生产运输、用出口商品换取国际交易服务所产生的福利影响既有相同之处也有不同之处。我们用图 4—5 来说明。与图 4—4 中一样，无交易成本时本国的生产和消费位于 Q 点和 C 点。在存在国际交易成本时，本国生产所有国际交易服务使本国的商品生产和消费移动到 Qa 点和 C″点。国际交易成本引起的商品贸易条件变化使商品生产从 Q 点移到 Q′点，而本国从事国际交易服务的生产所占用的资源又使商品的生产从 Q′点移动到生产可能性边界内的 Qa 点。与本国不生产交易服务时的情形一样，本国的福利水平从 U 下降到 U′产生于国际交易服务所隐含的关税效应；而本国的福利水平从 U′下降到 U″产生于本国生产国际交易服务的直接资源成本效应（Direct Resourse Cost Effect）。这两种效应分别使本国的消费从 C 点移动到 C′点和使消费从 C′点移动到 C″点。

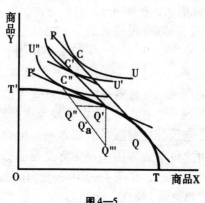

图 4—5

国际服务贸易理论分析

　　本国生产国际交易服务所隐含的关税效应使本国的商品生产从 Q 点移动到 Q′点，而资源成本效应又使商品生产从 Q′点移动到生产可能性边界内的 Qa 点。本国生产国际交易服务的直接资源成本用出口商品 X 来衡量是 Q″Q′，用进口商品 Y 来衡量是 Q‴Q′。Qa 点的位置或者说本国直接生产国际交易服务对商品生产的影响可用图 4—6 来说明。假设只有两种商品和两种生产要素，本国的出口商品 X 是劳动密集型的，而进口商品 Y 是资本密集型的。在该要素盒形图中，点% 表示国际要素禀赋的分配，OL 和 OK 代表本国拥有的劳动和资本要素禀赋，O*L* 和 O*K* 分别代表外国拥有的劳动和资本要素禀赋。OA 和 AE 的斜率分别代表商品 X 和 Y 的生产要素比例。本国不生产国际交易服务时用于生产商品 X 和商品 Y 的要素投入分别为向量 OA 和 AE。本国直接生产国际交易服务对商品生产的影响取决于它的要素密集度与商品的要素密集度之间的关系。当国际交易服务的资本密集度最低时，生产要素资源的分配为：A′E 用于生产国际交易服务、A″A′用于生产商品 Y 和 OA″用于生产商品 X。由于国际交易服务的资本密集度最低，因此，本国生产国际交易服务将导致商品 X 的产量减少和商品 Y 的产量增加，在图 4—5 中表现为生产点将位于 Q″点的左上方。当国际交易服务的资本密集度最高时，生产要素资源的分配为：OB″用于生产 Y，B″B′用于 X 和 B′E 用于国际交易服务。由于国际交易服务的资本密集度最高，因此，本国生产国际交易服务将导致商品 X 的产量增加和商品 Y 的产量减少，在图 4—5 中表现为生产点将位于 Q‴点的右下方。当国际交易服务的资本密集度介于两种商品的资本密集度之间时，本国生产国际交易服务将导致两种商品的产量同时减少，在图 4—5 中表现为商品生产点将位于 Q″点与 Q‴点之间，如 Qa 点。

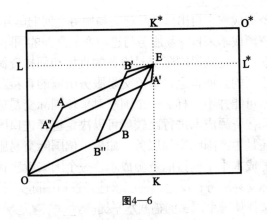

图4—6

当本国生产国际商品贸易所需的全部国际交易服务时，国际交易服务的单位成本下降对本国福利和总成本的影响等同于本国进口时的情形。单位交易成本的下降会增加本国的福利水平，而且它所隐含的关税效应使本国的福利增加，它的资源成本效应却不一定使本国的福利增加。本国生产国际交易服务的单位成本下降可以使总的资源成本减少、增加或者不变。

国际交易服务的单位成本下降使本国的贸易条件（出口商品的 CIF 价与进口商品的 FOB 价之比）得到改善，从而促使商品贸易的扩大。此时，它的关税效应使出口商品的产出增加、进口替代商品的产出减少，但它的资源效应可以使两种商品的产出同时增加或一增一减。因此，有可能出现出口商品的产出减少和进口替代商品的产出增加的情况。这是不同于本国不生产国际交易服务时单位交易成本下降的影响。

4.4 国际交易服务贸易

尽管本国进口和生产国际交易服务都存在资源成本，

但间接资源成本来自出口商品与交易服务之间的国际交换，而直接资源成本来自交易服务与进口商品之间的国际交换。因此，获得一定数量国际交易服务的直接和间接资源成本可能是不同的。换言之，单位交易服务所需的直接和间接资源成本可能并不一样。一个国家对单位国际交易成本的直接和间接资源成本进行比较就可以决定选择进口国际交易服务还是生产国际交易服务。如果单位国际交易服务的直接资源成本小于间接的资源成本，一个国家就应该选择生产国际交易服务；反之，则应该选择进口国际交易服务。这样的选择使一个国家的福利水平提高。

本国和外国生产国际交易服务的技术差异、生产国际交易服务所需的要素比例及其与生产进出口商品所需的要素比例的关系和本国与外国的要素禀赋差异，决定了国际交易服务的贸易格局。

技术差异与国际交易服务贸易

假设只存在一种生产要素劳动、两种商品和一种国际交易服务；本国生产单位商品 X、单位商品 Y 和单位国际交易服务 T 所需的劳动投入分别为 L_x、L_y 和 L_t，而外国的对应指标分别为 L_x^*、L_y^* 和 L_t^*；本国和外国的劳动供给 L 和 L^* 固定不变。于是，我们可以得到下列两个基本关系式：

$$L_xX + L_yY + L_tT = L$$
$$L_x^* X^* + L_y^* Y^* + L_t^* T^* = L^*$$

假定 $L_x/L_y < L_x^*/L_y^*$。根据 Ricardo 的比较优势原则，本国出口商品 X 和进口商品 Y。而外国则相反。如果 $L_t/L_t^* \leq L_x/L_x^* < L_y/L_y^*$，那么，本国生产国际交易服务的比较优势要大于生产商品 X 的。既然出口商品 X 交换进口商品 Y 能获得好处，那么出口国际交易服务 T 交换进口商品 Y 能获得更大的好处。这种情况可以用图 3—7 来说明。图中

的 **TT′** 表示本国贸易前的商品生产可能性边界。由于假设只有一种生产要素且存在不变的规模收益，所以 **TT′** 是一条直线。贸易导致专业化生产，本国只生产商品 X。贸易使本国的商品消费在国际交易成本为零时位于 C 点，而福利水平为 U。本国此时的商品贸易向量为 TC。本国不生产（进口）国际交易服务时的商品生产和消费分别位于 T 点和 C′点，福利水平为 U′。本国此时的商品贸易向量为 TT_1 + $T_1C′$，其中 TT_1 表示本国为支付进口交易服务所出口的商品 X 数量、即进口国际交易服务的间接资源成本。由于本国在生产国际交易服务方面存在较大的比较优势，直接生产国际交易服务的单位直接资源成本将小于单位间接资源成本。因此，本国选择直接生产而不是进口国际交易服务会将导致商品贸易条件的改善。本国直接生产国际交易服务将使本国的福利水平从 U′提高到 U″，而本国的消费从 C′点移动到 C″点，商品生产从 T 点移动到 T_2。本国此时的商品贸易向量为 $T_2C″$。本国生产国际交易服务的直接资源成本用商品 X 来衡量是 TT_2。根据上一节的分析，我们知道 TT_2 可以大于、等于或小于 TT_1，取决于商品贸易条件变化对商品贸易量的影响。

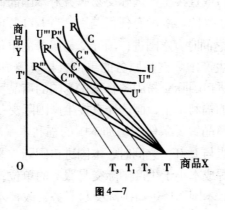

图 4—7

如果 $L_x/L_x^* < L_y/L_y^* \leq L_t/L_t^*$，那么，本国生产国际交易服务的比较优势要小于生产商品 Y 的。既然本国出口商品 X 交换进口商品 Y 能获得好处，那么本国出口商品 X 交换国际交易服务更能获得好处。此时，本国生产国际交易服务的单位直接资源成本大于进口国际交易服务的单位间接资源成本。因此本国选择生产而不是进口国际交易服务将导致商品的贸易条件恶化（从 P′变化到 P‴）。本国直接生产国际交易服务将使本国的福利水平从不生产国际交易服务时的 U′下降到 U‴，而本国的消费从 C′点移动到 C‴点，商品生产从 T 点移动至 T_3 点。本国的商品贸易格局可用向量 $T_3C‴$来表示。本国生产国际交易服务的直接资源成本用商品 X 来衡量是 TT_3。TT_3 可以大于、等于或小于 TT_1。

如果 $L_x/L_x^* \leq L_t/L_t^* \leq L_y/L_y^*$，那么本国生产国际交易服务的比较优势介于生产出口商品 X 和生产进口商品 Y 之间。当 L_t/L_t^* 位于 L_x/L_x^* 与 L_y/L_y^* 中的某个位置（可称之为分界点）时，本国进口国际交易服务的单位间接资源成本等于生产国际交易服务的单位直接资源成本。此时，本国选择进口或直接生产国际交易服务对本国的商品贸易条件和福利水平的影响没有任何差别。当 L_t/L_t^* 位于分界点与 L_x/L_x^* 之间时，本国进口国际交易服务的单位间接资源成本大于生产国际交易服务的单位直接资源成本。此时，本国选择进口国际交易服务将恶化本国的商品贸易条件和降低本国的福利水平，而选择直接生产国际交易服务将改善本国的商品贸易条件和增加本国的福利水平。当 L_t/L_t^* 位于分界点与 L_y/L_y^* 之间时，本国进口国际交易服务的单位间接资源成本小于生产国际交易服务的单位直接资源成本。此时，本国选择进口国际交易服务会改善本国的商品贸易条件、从而提高本国的福利水平，而选择直接生产国际交易服务会恶化本国的商品贸易条件、从而降低本国的福利水平。分界点的确定取决于无交易成本时的商品贸易条件和交易成本的大小。

以上分析表明，在一个 Ricardo 世界里，如果国际交易服务的贸易格局符合比较优势原则，那么国际交易服务贸易将会提高两个国家的福利水平。比较不同服务贸易格局下的商品贸易可以发现，选择符合比较优势原则的服务贸易格局既可以增加也可以减少商品贸易。

要素禀赋差异与国际交易服务贸易

现在假定存在两种生产要素：资本 K 和劳动 L。本国生产单位商品 X、单位商品 Y 和单位国际交易服务 T 所需的资本和劳动投入分别为 (L_x, K_x)、(L_y, K_y) 和 (L_t, K_t)，而外国的对应指标分别为 (L_x^*, K_x^*)、(L_y^*, K_y^*) 和 (L_t^*, K_t^*)。假定本国和外国的劳动和资本的供给 L 和 K 以及 L* 和 K* 固定不变。于是，我们可以得到下列四个基本关系式：

$$L_x X + L_y Y + L_t T = L \qquad L_x^* X^* + L_y^* Y + L_t^* T^* = L^*$$

$$K_x X + K_y Y + K_t T = K \qquad K_x^* X + K_y^* Y + K_t^* T = K^*$$

假设商品 X 是劳动密集型的、商品 Y 是资本密集型的以及本国拥有相对丰富的劳动生产要素。那么根据 Hechscher—Ohlin 的比较优势原则，本国将出口商品 X 和进口商品 Y。国际交易服务的贸易格局取决于交易服务的要素比例与两种商品的要素比例之间的关系。为分析方便，我们假设国内外生产商品和交易服务所需的要素比例是相同的。它们之间的关系存在三种可能。

（1）$K_t/L_t \leq K_x/L_x < K_y/L_y$，即国际交易服务的资本

75

（劳动）密集程度比商品 X 和 Y 的都低（高）。既然本国出口商品 X 交换商品 Y 能获得好处，那么本国出口国际交易服务交换商品 Y 能获得更大的好处。本国直接生产国际交易服务对本国的生产、消费和福利水平的影响可用图 4—8 来说明。图中的 Q 点和 C 点分别代表国际交易成本为零时本国的生产和消费情况，U 代表此时本国所实现的福利水平。本国的商品贸易向量表现为 QC。国际交易成本不为零时，如果本国不生产而是进口服务国际交易服务，那么国际交易服务所隐含的关税效应使本国的商品生产从 Q 点移动到 Q‴，而它的资源成本效应对商品的生产无影响。于是，本国的商品生产和消费分别位于 Q‴和 C″，所实现的福利水平为 U″。本国的商品贸易格局可用向量 Q‴Q″ + Q″C″ 表示，其中 Q″Q‴表示本国进口国际交易服务所需出口的商品 X 数量——间接资源成本。

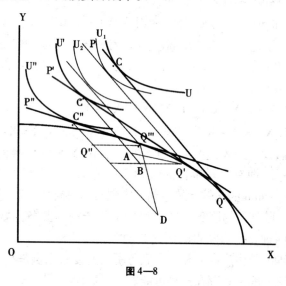

图 4—8

由于本国生产交易服务比生产商品 X 有着更大的比较

优势，直接生产交易服务会导致国际交易服务的单位资源成本下降，从而改善本国的商品贸易条件。本国的福利水平由进口交易服务时的 U'' 提高到 U'。本国生产国际交易服务所隐含的关税效应使商品生产移动到 Q'，而它的资源成本效应使商品的生产从 Q' 移动到 A 点。因为 $K_t/L_t \leqslant K_x/L_x < K_y/L_y$，本国生产交易服务将导致商品 X 的产出减少和商品 Y 的产出增加。于是，本国的商品生产和消费分别为 A 和 C' 点。向量 $Q'A$ 代表用商品衡量的国际交易服务的直接资源成本，而 BQ' 代表用商品 X 衡量的直接资源成本。BQ' 可以大于、等于或小于间接资源成本 $Q''Q'''$，取决于商品贸易条件变化对商品贸易量的影响。

（2）$K_x/L_x \leqslant K_y/L_y < K_t/L_t$ 即国际交易服务的资本密集度大于两种商品的资本密集度。因此，本国选择不生产交易服务（即用出口商品 X 交换交易服务 T）符合比较优势原则，而选择生产交易服务（即出口国际交易服务 T 交换进口商品 Y）则违反了比较优势原则。换言之，本国生产国际交易服务的单位直接资源成本大于进口国际交易服务的单位间接资源成本。与选择直接生产交易服务相比，本国进口国际交易服务将导致贸易条件改善，从而使本国的福利水平增加。

我们仍可用图 4—8 来说明本国选择生产或进口国际交易服务对本国商品生产和消费以及福利水平的影响。此时，我们用图中的 Q'、C' 和 U' 分别表示本国进口国际交易服务时的商品生产和消费以及福利水平，那么 BQ' 代表本国进口国际交易服务的间接资源成本——换取交易服务所需出口的商品 X 数量。本国生产交易服务使商品的贸易条件恶化，使商品生产和消费移动到 D 和 C''，本国的福利下降至 U''。由于国际交易服务的资本密集度最高，本国生产交易服务使商品 X 的产量增加和商品 Y 的产量减少。此时，本国的商品贸易向量为 DC″。向量 DQ‴代表用商品衡量的获得国际交易服务的直接资源成本，而该成本用商品 X 衡量等于向量 Q″Q‴。同理，国际交易服务的直接资源成本可能大于、等于或小于进口国际交易服务的间接资源成本。

（3）$K_x/L_x \leqslant K_t/L_t < K_y/L_y$ 即国际交易服务的资本密集度介于商品 X 和商品 Y 的资本密集度之间。此时在 K_x/L_x 与 K_y/L_y 之间存在这样一个值 k：当 $K_t/L_t = k$ 时，本国选择生产或进口国际交易服务除了影响商品的产出结构之外，对本国的福利水平和商品消费影响没有差异。当 K_t/L_t 位于 K_x/L_x 与 k 之间时，本国选择生产国际交易服务比选择进口国际交易服务能改善本国的商品贸易条件和提高本国的福利水平。当 K_t/L_t 位于 k 与 K_y/L_y 之间时，本国选择进口国际交易服务比选择生产国际交易服务能改善本国的商品贸易条件和提高本国的福利水平。与 Ricardo 模型下的情况一样，k 的取值取决于无运输成本时的商品贸易条件和国际交易成本的大小。

以上分析说明，在一个 Heckscher—Ohlin 世界里，如果两个国家之间的差异仅仅表现在要素禀赋方面，那么，当 $K_t/L_t \leqslant K_x/L_x < K_y/L_y$ 时，让劳动生产要素相对丰富的国家选择生产和出口国际交易服务能提高两个国家的福利水平。同理，当 $K_x/L_x < K_y/L_y \leqslant K_t/L_t$ 时，让资本生产要素相对丰富的国家生产和出口国际交易服务能提高两个国家的福利水平。在这两种情况下，服务生产国的出口商品产出下降和进口商品产出增加。因此，如果国际交易服务的贸易格局符合比较优势，那么服务贸易对商品贸易具有正反两个效应：国际交易服务所隐含的关税效应是促进商品贸易的，而它的资源效应是减少商品贸易的。两种效应综合起来既可以是增加也可以是减少商品贸易的。当 $K_x/L_x < K_t/L_t < K_y/L_y$ 时，服务生产国的两种商品产出都将减少。

此时，生产国际交易服务对商品贸易的影响是较小的。因此，符合比较优势的服务贸易格局通常是促进商品贸易的。

总之，国际交易服务贸易能增加贸易双方的福利。但是，如果现有的国际交易服务贸易符合比较优势原则，那么允许自由服务贸易会导致出口商品的产出增加和进口替代商品的产出减少，并促进商品贸易的扩大；如果现有的国际交易服务贸易不符合比较优势原则，那么允许服务贸易会改变现有的交易服务贸易格局，并对商品生产和贸易产生不确定的影响。

现实中的国际交易服务贸易

现实中，几乎没有一个国家和地区进口或生产它进出口商品所需的全部国际交易服务。所有的国家和地区都生产部分国际交易服务。造成这种国际交易服务贸易格局的原因主要表现在以下几个方面。首先，国际交易服务行业不是完全竞争的，受到各国政府的严格干涉。各国出于对经济和国防安全的考虑，都尽量保持一定规模的国际交易服务的生产能力，尤其是国际海洋运输能力。因此，一个国家可以很容易选择不生产国际交易服务和进口国际交易服务，但是选择生产全部国际交易服务却要受到贸易伙伴国的政策影响。通常的结果是，各国都生产一部分国际交易服务。这说明，现有的国际交易服务贸易格局不一定符合比较优势原则。因此，一旦允许自由服务贸易可能会对商品生产和贸易产生不确定的影响。其次，一些国际交易服务的生产存在规模经济且实现规模经济所需的产出相对较大。因此，只有商品贸易大国才有可能使其国际交易服务行业在最佳规模上运行。对于商品贸易小国来说，其所有的商品贸易量可能都不足以支持一个生产交易服务企业实现规模经济。因此，国际交易服务的自由化对已经和试图生产国际交易服务的商品贸易小国就显得十分重要。

前面的分析表明，在正常情况下，一个在生产国际交易服务方面没有比较优势的国家生产该服务的单位直接资源成本大于进口该服务的单位间接资源成本。选择生产国际交易服务就会使它的实际商品贸易条件恶化，从而导致本国的福利水平下降。反之，一个在生产国际交易服务方面具有比较优势的国家生产该服务的单位直接资源成本小于进口该服务的单位间接资源成本。选择生产国际交易服务就会使它的实际商品贸易条件改善，从而增加本国的福利水平。因此，一个国家如果不具备生产国际交易服务的比较优势但为了国家经济和国防安全需要保持一定规模的国际交易服务生产能力，就应该将其国际交易服务的生产规模维持在能实现规模经济的最低水平上，以使其国际交易服务的资源成本保持在一个较低（尽管不是最低）的水平上。

有关最佳关税的分析告诉我们，一个国家征收关税有时会改善它的商品贸易条件，从而增加该国的福利水平。这就是所谓的 Metzler 特例。但是，征收关税通常会引起来自贸易伙伴国的报复。而国际交易成本的隐含关税效应如果产生了类似的结果，却不会引来贸易伙伴国的报复。

4.5 国内交易服务和国际贸易

国内交易服务贸易

交易服务不仅存在于商品的国际交换中，还存在于商品的国内交换中。但是，为了集中讨论国际贸易问题，传统的和标准的贸易理论模型把国家看作为一个点。大多数经济学家在讨论国际运输服务时都不考虑国内运输服务。

实际上，我们前面对国际交易服务的分析和讨论也可以用于国内交易服务的国际贸易。国内交易服务也存在关税效应和资源效应。两种效应都会影响到一个国家的福利、国内商品贸易和商品生产。它们与国际交易服务的情形具有相同之处也有不同之处。

首先，国内交易服务的单位成本下降肯定促进国内商品贸易的扩大。

在福利影响方面，国内交易服务的单位成本下降会增加一个国家的福利。其中的关税效应通过增加国内商品贸易来提高整个国家的福利，而资源效应对福利的影响取决于国内对不同地区生产的商品的需求偏好。如果商品之间的替代弹性较大，国内贸易的增加会导致国内交易服务的资源成本增加，从而使资源效应具有减少福利的作用。如果商品之间的替代弹性较小，国内贸易的增加没有导致国内交易服务的资源成本增加，那么资源效应也具有增加福利的作用。

在商品的产出方面，国内交易服务的单位成本下降时其关税效应通过促进国内商品贸易来增加国内的社会分工和地区分工。此时会出现一种商品的产出在一个地区下降但在另一个地区上升。资源效应促使不生产交易服务地区的出口商品生产增加和进口商品生产减少，但它可能促使生产交易服务地区的商品同时减少或同时增加或有增有减。因此，国内交易服务单位成本下降对一个国家总的商品生产结构具有不确定的影响。

国内交易服务的国际贸易除了有关税效应和资源效应之外，还存在国际交易服务贸易没有的另一种效应：贸易效应。关税效应通过国内贸易发挥作用，资源效应通过要素比例产生影响，而贸易效应则通过交易服务与商品的国际交换发挥作用。允许国内交易服务的国际贸易，可能会出现三种情况。一是本国只出口交易服务，二是本国只进口交易服务，三是本国同时进口和出口交易服务。

本国出口交易服务对国内交易服务的单位成本没有任何影响，因此它的关税效应在福利、商品贸易和生产方面没有发生任何变化。本国出口交易服务的资源效应通过交易服务与商品之间的要素比例关系，对商品生产和贸易方面产生不确定的影响，但对福利变化没有影响。但本国出口交易服务的贸易效应通过减少商品出口或增加商品进口对商品贸易和商品生产具有不确定的影响，但贸易效应通过国际贸易肯定增加福利。

本国进口交易服务使国内交易服务的单位成本下降。它的关税效应将使福利增加并促进国内商品贸易。国内贸易增加使商品生产在不同地区呈现相反的变化，因此，关税效应对一个国家商品生产的影响是不确定的。本国进口交易服务的资源效应通过交易服务与商品之间的要素比例关系，对商品生产和贸易方面产生不确定的影响。本国进口交易服务的贸易效应通过增加商品出口或减少商品进口对商品贸易和商品生产具有不确定的影响，但国际贸易肯定增加福利。

交易服务是由许多不同的服务组成的，仅运输服务就有公路运输、铁路运输和航空运输。因此，比较优势的差异可能使一个国家同时进口和出口国内交易服务。在福利方面，进口和出口交易服务的影响是同向的，都使福利增加。两者也都促进国内商品贸易的扩大。在商品生产和国际贸易方面，进口和出口交易服务具有相反的作用，可以相互抵消。

上述分析和讨论所暗含的一个假设是，国内交易服务与国际交易服务是相互独立的，没有任何关系。实际上，国内交易服务是国际交易服务的一个组成部分，国际商品

贸易最终也要使用国内交易服务。根据前面的分析，国内
交易服务贸易既可以促进也可以减少国际商品贸易。因此，
国内交易服务贸易肯定能增加福利和国内商品贸易，但对
商品生产和国际贸易的影响却是不确定的。

国内交易服务成本与国际贸易

忽略国内交易服务成本对于像瑞士和新加坡这样的小
国来说或许是适当的。但是对于像中国和美国这样地域辽
阔的大国而言，许多国内区域间的交易服务成本大于一些
国际交易服务成本。在这种情况下，忽略国内交易服务及
其成本的存在显然是不适当的。下面分析国内交易服务成
本对国际贸易的影响。

基本模型

我们所使用一个标准的 Hechscher—Ohlin 模型，并保
留有关的所有基本假设，如生产技术具有不变的规模收益
以及商品和要素市场是完全竞争的。假设只有两种商品
（X 和 Y）和两种生产要素（L 和 K），X 是劳动密集型商
品，Y 是资本密集型商品，本国与外国相比具有相对较丰
富的生产要素 L。那么，根据比较优势原则，本国应该出
口商品 X 和进口商品 Y，而外国则相反。为了把国内交易
成本纳入贸易模型分析中，我们假定本国由两个区域（N
和 S）组成，区域 N 具有较多的要素 K，而区域 S 具有较
多的要素 L，但两个区域的需求偏好是相同的。如果区域
间的交易成本小于国际交易成本，交易成本对国际商品贸
易的影响只限于在交易服务的资源成本方面，即商品产出
的结构，并不影响贸易理论已有的结论。因此，我们假设
区域间商品贸易的交易成本大于每个区域与外国之间开展
国际商品贸易的交易成本。

在图4—9中，$T_nT'_n$和$T_sT'_s$分别表示区域 N 和区域 S 生产商品 X 和 Y 的可能性边界，TT'则表示本国的生产可能性边界。为分析方便，我们假设本国不能影响国际价格，而且两个区域都面临同样的（不包含交易成本的）国际商品价格 P。我们再假设两个区域的要素禀赋差异使区域 N 向外出口商品 Y 和进口商品 X，而区域 S 则相反。在图 4—9 中，向量 A_nC_n 代表区域 N 的对外贸易，A_sC_s 则代表区域 S 的对外贸易。由于假定区域间的运输成本大于国际运输成本，因此不存在区域间贸易，每个区域的对外贸易都是国际贸易。两个区域合起来的对外贸易也就是本国的对外贸易，本国同时出口和进口两种商品，如果区域 S 的对外贸易大于区域 N 的，那么本国的国际贸易格局与区域 S 的相同。本国是商品 X 的净出口国和商品 Y 的净进口国。本国的商品进出口在图 4—9 中表现为向量 AC，$AC = A_nC_{ns} + A_sC_s$。在这里我们看到，出现了一个国家重复进出口同一种商品的现象。

在这种情况下，国际交易成本的降低会使本国两个地区的福利以及整个国家的福利增加。但在国际交易成本不变的情况下，国际商品相对价格的改变意味着一个区域的贸易条件改善和另一个区域的贸易条件恶化，从而增加其中一个区域的福利但减少另一个区域的福利。因此，本国总体商品贸易条件的变化会对两个地区产生完全不同的影响。本国贸易条件的改善代表区域 S 的贸易条件改善和区域 N 的贸易条件恶化。这将增加区域 S 的福利水平和减少区域 N 的福利水平，使区域 S 中要素 L 的收益上升和要素 K 的收益下降。而在区域 N 中，要素收益的变化相反。

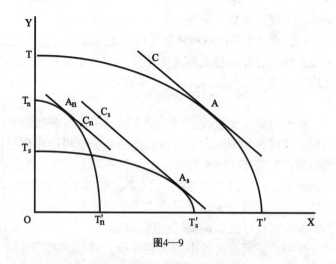

图4—9

不存在贸易转移情况下的商品关税效应

由于两个地区的贸易格局不同导致本国同时进出口两种商品，对关税的分析在许多方面不同于在传统贸易模型所进行的。本国对进口商品征收关税意味着对两种商品都征税；对一种商品征收进口关税只影响到一个地区从外国的进口，而对另一个地区从外国的进口没有任何影响。因为对一种商品征收进口关税对两个地区的影响是对称的，而对两种商品征收进口关税是对一种商品征收关税的简单合成，因此我们只需考察前者。

由于本国是商品 Y 的净进口国，不管出于何种原因要限制进口，本国通常是选择只对商品 Y（本国主要进口商品）征收关税。在这种情况下，如果关税小于地区间的交易成本，区域间仍然不发生任何贸易。关税对区域 N 的贸易格局和贸易量无任何影响；尽管区域 S 继续从外国进口商品 Y 和出口商品 X，但关税使商品 Y 的进口减少（从而商品 X 的出口也减少），政府获得一笔关税收入。即使关税收入全部返回给区域 S 的居民，区域 S 也将遭受传统关税理论所叙述的福利损失。如果关税收入是返回给本国全体居民，那么关税的这种转移支付将使区域 N 的福利增加，并使区域 S 的福利遭受额外的损失。但无论关税收入如何在地区间进行分配，关税总是导致本国的总体福利水平下降。

由于对商品 Y 征收进口关税不影响区域 N 的国际贸易但却使区域 S 的国际贸易减少，那么完全有可能出现这样的结果：关税使区域 S 的贸易流量小于区域 N 的贸易流量，从而使本国成为商品 X 的净进口国和商品 Y 的净出口国。换言之，在国内地区间交易成本大于国际交易成本的情况下，关税可以导致 Leontief 之谜的出现。

按照传统贸易理论中的关税分析，对本国的净进口商品 Y 征收关税会减少本国禀赋相对丰富要素 L 的收益和增加要素 K 的收益。因此对一项贸易政策，不同要素的拥有者将采取相反的观点。但上面的分析表明，在国内生产要素不流动的情况下，区域 N 中要素 K 的收益没有发生变化，要素 L 的收益不仅没有下降，而且还会因为关税收入的转移支付得到增加。这样，关税引起的福利损失将由区域 S 中的要素 L 全部负担。这说明，即使不存在区域间贸易，不同地区的同一种生产要素的拥有者对一项贸易政策可能会采取完全相反的态度。

存在贸易转移情况下的商品关税效应

但是，如果关税大于地区间的交易成本，区域 S 选择从区域 N 进口商品 Y 比从外国进口商品 Y 的成本低。此时，对区域 S 来说，关税仍使商品 Y 的进口减少并导致贸易转向。商品 Y 的供给商由外国变为国内的区域 N。这种贸易格局的改变使国家的关税收入消失。换言之，关税导致了贸易转向。这种贸易转移等于把关税收入所代表的资源用来生产不产生任何效用的区域间交易服务。关税使本国遭受两方面的损失：（1）价格扭曲所产生的传统福利损失；（2）区域间交易服务的资源成本效应所产生的福利损失，等于损失的关税收入。

如果区域 N 的供给能力足以满足区域 S 对商品 Y 的需求，那么区域 S 的所有商品 Y 的进口都将来自区域 N。这可能使区域 N 的 Y 出口全部消失。在这种情况下，区域 N 的国际贸易中没有出口、只进口商品 X，而区域 S 的国际贸易中没有进口、只出口商品 X。本国的国际贸易格局呈现一种特殊的情况：出口和进口的是同一种商品。如果区域 N 的供给能力小于区域 S 对商品 Y 的需求，区域 N 将只生产商品 Y。在这种情况下，区域 S 所需进口的商品 Y 部分来自外国、部分来自区域 N。如果关税太高，最终也将使区域 S 所需进口的商品 Y 全部来自区域 N。

在任何情况下，商品 Y 的贸易转向将使区域 N 中商品 Y 的价格上升。根据 Stolper—Samuelson 定理，在本国，要素 K 的价格将上升，而要素 L 的价格将下降。因此，当对一种商品征收的进口关税超过地区间交易成本、导致贸易转移发生时，关税将对不同地区的同一种要素的收益变化是同向的。换言之，不同地区同一种要素的拥有者对一项贸易政策的态度是相同的，因为贸易转移的发生消除了政府的关税收入，从而消除了关税收入转移支付的问题。但是由于区域 N 出口商品 Y 和进口商品 X，而区域 S 则相反，因此，商品 Y 的价格上升有利于区域 N 和不利于区域 S，从而会导致区域 N 的整体福利水平增加和区域 S 的总体福利水平下降。

国内商品税效应

传统和标准贸易理论中的一个重要命题是，一种关税结构可以用国内税收和/或补贴的一个组合来代替。换言之，两者对本国的生产、消费和贸易结构以及福利水平产生的影响是相同的。例如，对进口商品征收关税可以用对进口商品征收同样税率的消费税和对出口商品征收同样税率的生产税来代替。在我们所使用的区域贸易模型中，如果两个区域的国际贸易格局是相同的，那么这一命题仍然成立。但是，如果区域间交易成本的存在使两个区域的国际贸易呈相反格局，那么该命题就不再成立。它将以另一种形式出现。

为了说明这一点，我们考虑本国对两种进口商品征收同样税率的关税。就我们上面所举的例子来说，这种关税结构使区域 N 对商品 X 的进口和消费减少但生产增加；而区域 S 的商品 X 生产下降但消费增加、从而出口减少。由于本国是商品 X 的净出口国和商品 Y 的净进口国，如果中央政府想要采取等价的国内税收政策来代替关税政策，自然要采取对商品 Y 的消费和商品 X 的生产征收等同于关税税率的国内税。对区域 S 来说，国内税的效果完全等价于关税的。但对区域 N 而言，国内税则相当于出口补贴。这将导致区域 N 的商品 Y 生产和出口增加但消费减少。在政府对国内采取同一税收政策的情况下，政府只能使一个地区维持原样。换言之，要使两个地区都保持关税条件下的情形，政府必须对不同地区采取不同组合的国内税收政策。

上述例子表明，采取统一的国内税收政策来代替关税在维持地区 S 的贸易流量不变的情况下，会使地区 N 的贸易流量增加。这种贸易流量增加超过一定程度就会使本国的贸易格局发生逆转。这种情况说明，国内税收制度可能是导致出现 Leontief 之谜的又一个因素。

除了地区间要素禀赋差异之外，技术差异和需求偏好不同也可能引起地区间贸易格局相反的情况。本节的分析完全适用于后两种情形。本节的分析还适用于经济一体化对有关国家的影响。当经济一体化使经济联盟的对外交易成本大于联盟内部的交易成本时，有可能导致经济联盟的对外商品贸易格局不符合比较优势原则。当经济一体化使经济联盟采取统一的税收制度时，也有可能导致经济联盟的对外商品贸易格局违反比较优势原则。

4.6 小结

本章对国际交易服务的分析是关于国际交易成本传统分析的一个扩展。国际交易服务对一个国家的福利水平以及商品的生产和消费结构的影响都可以分解为关税效应和资源成本效应。一个国家获得国际交易服务存在直接的和间接的资源成本。

在影响商品产出方面，国际交易服务所隐含的关税效应通常使一个国家的出口商品生产减少而进口商品的生产增加。间接的资源成本并不改变商品的生产结构。直接的资源成本对商品生产结构的影响取决于交易服务的要素密集度与商品的要素密集度之间的关系。当国际交易服务的资本要素密集度小于两种商品的要素密集度时，它的直接资源成本效应使劳动密集型商品的生产减少而资本密集型商品的生产增加；当国际交易服务的资本要素密集度大于两种商品的要素密集度时，它的直接资源成本效应使劳动密集型商品的生产增加而资本密集型商品的生产减少；当国际交易服务的资本要素密集度界于两种商品的要素密集度时，它的直接资源成本效应使两种商品的生产同时减少。

在影响福利水平方面，国际交易服务所隐含的关税效应和资源成本效应都导致一个国家的福利水平下降。但是，当国际交易服务的单位成本下降时，国际交易服务所隐含的关税效应使一个国家的福利水平增加，而它的资源成本效应既可能增加也可能减少该国的福利水平。如果国际交易服务的单位成本下降所引起的对国际交易服务的需求增加超过成本的节约，交易服务的资源成本效应就会减少一个国家的福利水平。

国际交易服务的单位成本下降会增加一个国家的福利，其中的关税效应也是增加福利的，但资源效应有可能是减少福利的。原因在于，单位成本下降有可能会使一个国家获得国际交易成本的资源（总）成本增加。比较国际交易服务的单位直接资源成本和间接资源成本可以决定一个国家应该选择生产还是进口国际交易服务。如果单位直接资源成本小于间接资源成本，选择生产国际交易服务将增加一个国家的福利水平。反之，单位直接资源成本大于间接资源成本，选择进口国际交易服务将增加一个国家的福利水平。实际上，这种选择对贸易国双方都有利。

国际交易服务贸易对商品贸易的影响取决于需求偏好和商品生产可能性边界。在一种生产要素的 Ricardo 世界里，选择符合比较优势原则的国际交易服务贸易格局对商品贸易的影响是不确定的。而在一个 Heckscher—Ohlin 世界里，如果服务的资本要素比例比两种商品的都高或低，国际交易服务贸易格局对商品贸易的影响也是不确定的。如果服务的资本要素比例介于两种商品之间，那么选择符合比较优势原则的国际交易服务贸易格局对商品贸易产生促进作用。但是，如果现有的国际交易服务贸易格局符合比较优势原则，那么，进一步实行服务贸易自由化是促进商品贸易的。

国内交易服务贸易会增加一个国家的福利和国内商品贸易，但对整个国家的商品生产和贸易的影响是不确定的。对于一个大国来说，国内交易服务的存在可能会导致一个国家采取关税政策的效应不同于传统的关税政策效应。当关税导致区域间贸易时，会使一个国家重复进出口同一种商品或者使它的贸易格局发生逆转、从而不符合比较优势原则。国内交易服务的存在还可能导致一个国家无法用国内税代替关税，除非对国内不同地区采取不同的政策。

第5章 生产性服务的国际贸易

所有的商品生产或多或少地都要用到一些生产性服务。但是在国际贸易理论中，把中间投入和商品贸易结合起来的研究主要涉及规模经济，而且中间投入只用于其中一种商品的生产。这样的分析方法可以在 Helpman（1981）、Eithier（1982）和 Markusen（1989a）等人的研究中看到。在本章的分析中，我们假设生产性服务是所有商品生产所需的共同投入。我们建立一个独特的模型来分析技术差异和要素禀赋差异对生产性服务贸易和商品贸易的影响，由于交易服务是一种特殊的生产性服务，因此本章的分析可以看成是上一章分析的继续。

5.1 一个独特的模型

我们所使用的是一个 Ricardo 模型。在该模型中，劳动 L 是唯一的生产要素。整个经济中只存在两种商品 X 和 Y 以及一种生产性服务 S。生产性服务的生产只需要使用劳动 L，但两种商品的生产除了使用劳动 L 之外还要使用生产性服务 S，而且对服务的需求是内生的。每个劳动单位只能用于 X、Y 和 S 三个部门中的一个。换言之，一个生产者如果选择生产服务，就不能在生产商品 X 或 Y。尽管我们假设只存在一种生产要素，但其背后显然隐藏着其他的生产要素（如资源、资本或气候）。我们实际上假设的是，这些其他生产要素不会对生产过程产生任何限制作用。

假设只有商品 X 和 Y 能产生效用，而且所有人对商品 X 和 Y 的偏好是相同的。那么我们就可得到全社会的效用函数和无差异曲线。描述本国经济的基本模型由下列六个方程组成。(5.1) 是全社会的效用函数。(5.2) 至 (5.5) 表示商品和服务的生产技术。假定它们具有不变的规模收益。(5.4) 和 (5.5) 还表示商品生产对服务的需求是内生的，取决于商品生产的劳动投入。a 和 b 分别表示一个服务生产者可服务商品 X 和 Y 生产者的人数。(5.6) 表示所有的劳动 L 必须在三个部门全部被分配。

$$U = U (X, Y) \tag{5.1}$$
$$X = F (L_x, S_x) \tag{5.2}$$
$$Y = G (L_y, S_y) \tag{5.3}$$
$$S_x = S (L_x/a) \tag{5.4}$$
$$S_y = S (L_y/b) \tag{5.5}$$
$$L = L_x (1 + 1/a) + L_y (1 + 1/b) \tag{5.6}$$

方程 (5.2) — (5.6) 决定了本国的商品生产可能性边界。本国的商品生产可能性边界和全社会的无差异福利效用曲线决定了本国的商品和服务的产量和生产要素的就业分工。在图 5—1 中，TT′ 表示本国的商品生产可能性边界，U 表示与 TT′ 相切的全社会无差异曲线所代表的福利水平。由于存在不变的规模收益，商品的生产可能性边界表现为一条直线。两者的切点 Q 决定了本国商品的产出水平，从而决定了服务的产出和劳动在三个部门的社会分工。

将该模型作些修改就可用来分析特殊的服务。例如，当 $S_x = 0$ 时，生产性服务是商品 Y 生产所需的特定服务；当 $S_y = 0$ 时，生产性服务就是商品 X 生产所需的特定服务。

为了考察技术进步对商品产出的影响，我们下面首先看看技术进步对商品生产的可能性边界的影响。然后考虑在不同效用函数条件下，技术进步对商品产出的影响。

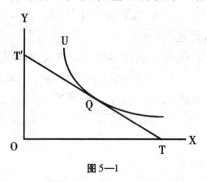

图 5—1

技术进步对商品生产可能性边界的影响

在我们所建立的模型中,与生产性服务相关的技术进步有两种:一是生产服务的投入减少,表现为 a 和/或 b 的值增加;二是生产性服务对商品生产的贡献增加,表现为 $\frac{\partial F(L_x,S_x)}{\partial S_x}$ 和/或 $\frac{\partial G(L_y,S_y)}{\partial S_y}$ 的值增加。如果进一步假设 X $= \alpha(S_x)F(L_x)$ 和 $Y = \beta(S_y)G(L_y)$,那么服务的第二种技术进步表现为 α 和 β 的值增加。由于 $[\alpha(1+\rho)]F(L_x) = \alpha[(1+\rho)F(L_x)]$,生产性服务对商品 X 的生产率提高等同于 X 部门的生产率提高;同理,生产性服务对商品 Y 的生产率提高等同于 Y 部门的生产率提高。

我们用一个假设的实例来说明技术进步对商品生产可能性边界的影响。假设在初始时期 L = 300, $\alpha = \beta = 1.5$, a = b = 2 以及 X = 15L_x 和 Y = 15L_y。那么本国的所有生产要素可分为 100 组, 每组 3 人, 其中一人生产服务, 另外两人生产商品。每组可生产 30 个单位的商品 X 或 Y, 人均产出为 10 个单位的商品 X 或 Y。本国只生产商品 X 的产量为 3000,只生产商品 Y 的产量也为 3000。因此,本国生产商品 X 和 Y 的可能性边界为 X + Y = 3000,如图 5—2(a)所示。

我们首先考察服务生产技术进步所产生的影响。在我们的基本模型假设下，生产服务本身的劳动生产力提高表现为服务部门的一个生产者可为更多的商品生产者提供服务，即 a 和 b 的值增加。当 a 和 b 增加的比例相同时，技术进步可以是中性的；当 a 增加的比例大于 b 增加的比例时，技术进步是偏商品 X 的；当 b 增加的比例大于 a 增加的比例时，技术进步是偏商品 Y 的。

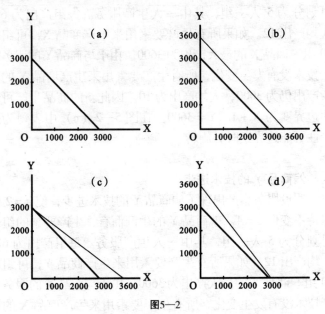

图5—2

中性的技术进步

假设服务生产出现了中性技术进步，使 a = b = 4。在新的服务生产技术条件下，商品的生产可按 5 人一组来生产，

95

整个经济的生产要素可分为 60 组。每组可生产 60 个商品 X 或 60 个商品 Y，即每人的产出为 12 个商品 X 或商品 Y。所有生产要素如果用来生产商品 X 或商品 Y 的产出是 3600。本国的商品生产可能性边界变为 X + Y = 3600。生产服务的劳动生产力提高在图 5—2（b）中表现为商品生产可能性边界向右上方平行移动。

偏商品 X 的技术进步

假设服务生产出现了偏商品 X 的技术进步，使 b = 2 仍保持不变但 a = 4。就商品 X 的生产而言，生产要素的组合可划分为 5 人一组，其中一人生产服务。每组产出为 60，人均产出 12。如果所有生产要素用来生产商品 X，可组成 50 组。商品 X 的最大产出为 3600。由于与商品 Y 的服务生产技术没有发生变化，所有生产要素用来生产商品 Y 的最大产出仍为 3000，人均产出为 10。因此新的商品生产可能性边界变为 X + 1.2Y = 3600。在图 5—2（c）中表现为生产性可能边界逆时针旋转。

偏商品 Y 的技术进步

假设服务生产出现了偏商品 Y 的技术进步，使 a = 2 仍保持不变但 b = 4。就商品 Y 的生产而言，生产要素的组合可划分为 5 人一组，其中一人生产服务。每组产出为 60，人均产出 12。如果所有生产要素用来生产商品 Y，可组成 50 组。商品 Y 的最大产出为 3600。由于与商品 X 的服务生产技术没有发生变化，所有生产要素用来生产商品 X 的最大产出仍为 3000，人均产出为 10。因此新的商品生产可能性边界变为 1.2X + Y = 3600。在图 5—2（d）中表现为生产性可能边界顺时针旋转。

在一般情况下，假设生产性服务的劳动生产率提高使得 a 和 b 变为 a（1 + λ）和 b（1 + γ）。如果 λ 和 γ 均大于零，则商品生产的可能性边界将向右上方移动。如果 λ = γ，即技术进步是中性的，则移动是平行的；如果 λ > γ，即技术进步是偏商品 X 的，则移动是平移加逆时针旋转；如果 λ < γ，即技术进步是偏商品 Y 的，则移动是平移加顺时针旋转的。

现在考察服务的商品生产率提高所产生的影响。服务的商品生产率提高表现为 α 和 β 的值增加。当 α 和 β 增加的比例相同时，服务的商品生产率提高是中性的。当 α 增加的比例大于 β 增加的比例时，服务的商品生产率提高是偏商品 X 的。当 α 增加的比例小于 β 增加的比例时，服务的商品生产率提高是偏商品 Y 的。

中性的技术进步

假设 α = β = 2。那么生产要素仍然可划分为 3 人一组，共 100 组。每组产出为 40 个商品 X 或商品 Y，比原来的 30 增加了 10。本国只生产一种商品的最大产出为 4000。此时的商品生产可能性边界变为 X + Y = 4000。所以，服务的商品生产率出现中性技术进步对商品生产可能性边界的影响仍像图 5—2（b）中所表现的那样使商品生产的可能性边界向右上方平行移动。

偏商品 X 的技术进步

假设服务的商品生产率提高是偏商品 X 的，即 α = 2 而 β = 1.5。此时只生产商品 X 的最大产出为 4000，而只生产商品 Y 的最大产出仍为 3000。每组可生产 40 的商品 X 或 30 的商品 Y。因此本国的商品生产可能性边界变为 3X + 4Y = 12000。这样的技术进步对商品生产可能性边界的影响也像图 5—2（c）中所表现的那样使商品生产的可能性边界逆时针旋转。

偏商品 Y 的技术进步

假设服务的商品生产率提高是偏商品 Y 的，即 α = 1.5 而 β = 2。此时只生产商品 X 的最大产出仍为 3000，而只生产商品 Y 的最大产出为 4000。每组可生产 30 的商品 X 或 40 的商品 Y。因此本国的商品生产可能性边界变为 4X + 3Y = 12000。这样的技术进步对商品生产可能性边界的影响也像图 5—2（d）中所表现的那样使商品生产的可能性边界顺时针旋转。

在一般情况下，假设服务的商品生产率提高使得 α 和 β 变为 α（1 + ζ）和 β（1 + η）。如果 ζ 和 η 均大于零，则商品生产的可能性边界将向右上方移动。如果 ζ = η，即技术进步是中性的，则移动是平行的；如果 ζ > η，即技术进步是偏商品 X 的，则移动是平移加逆时针旋转的；如果 ζ < η，即技术进步是偏商品 Y 的，则移动是平移加顺时针旋转的。

显然，如果商品部门的劳动生产率提高是中性的，即商品 X 部门和商品 Y 部门的劳动生产率提高是同比例的，则商品生产的可能性边界向右上方平行移动；如果商品部门的劳动生产率提高是偏商品 X 的，即商品 X 部门的劳动生产率提高比例大于商品 Y 部门的劳动生产率提高比例，那么商品生产的可能性边界将平移加逆时针旋转；如果商品部门的劳动生产率提高是偏商品 Y 的，即商品 Y 部门的劳动生产率提高比例大于商品 X 部门的劳动生产率提高比例，那么商品生产的可能性边界将平移加顺时针旋转。

效用函数的作用

由于商品的产出结构是由商品的生产可能性边界和效

用函数共同决定的，因此假设本国具有不同类型的效用函数可能会对商品的产出，从而对生产要素的就业分工产生不同的影响。

Leontief 型效用函数的情形。

Leontief 型效用函数的一般表达式为 $U(X, Y) = Min(X, \theta Y)$，其中 $\theta > 0$。这种效用函数的特点是，商品之间的替代弹性等于零。因此，当商品的生产可能性边界为 $X + Y = 3000$ 时，本国的商品产出结构可通过求解下列极值问题得到：

$$Max\ [Min\ (X,\ \theta Y)]$$
$$X + Y = 3000$$

其解为 $X_0 = 3000\theta / (1 + \theta)$ 和 $Y_0 = 3000 / (1 + \theta)$。由此可得，当 $\theta = 1$ 时，生产要素的分工为 $L_x = L_y = L_s = 100$；当 $\theta = 3$ 时，生产要素的分工为 $L_x = 150$，$L_y = 50$ 和 $L_s = 100$。

如果服务部门的劳动生产率出现了中性技术进步，例如 $a = b = 4$，那么，本国的商品生产可能性边界将向右上方移动至 $X + Y = 3600$。此时，本国的商品产出结构可通过求解下列极值问题得到：

$$Max\ [Min\ (X,\ \theta Y)]$$
$$X + Y = 3600$$

解得 $X = 3600\theta / (1 + \theta) > X_0$ 和 $Y = 3600 / (1 + \theta) > Y_0$。生产要素的就业分工为，当 $\theta = 1$ 时，$L_x = L_y = 120$，$L_s = 60$；当 $\theta = 3$ 时，$L_x = 180$，$L_y = L_s = 60$。

如果服务部门的劳动生产率出现了偏商品 X 的技术进步，例如 $a = 4$，$b = 2$，那么，本国的商品生产可能性边界将向右上方平行移动至 $X + 1.2Y = 3600$。此时，本国的商品产出结构可通过求解下列极值问题得到：

$$Max\ [Min\ (X,\ \theta Y)]$$

$$X + 1.2Y = 3600$$

解得，$X = 3600\theta/(1.2 + \theta) > 3600\theta/(1.2 + 1.2\theta) = X_o$，$Y = 3600/(1.2 + \theta) > Y_o$。生产要素的就业分工为当 $\theta = 1$ 时，$L_x = L_y = 109$，$L_s = 82$；当 $\theta = 3$ 时，$L_x = 171$，$L_y = 57$，$L_s = 72$。

如果服务部门的劳动生产率出现了偏商品 Y 的技术进步，例如 $a = 2$，$b = 4$，那么，本国的商品生产可能性边界将向右上方移动至 $1.2X + Y = 3600$。此时，本国的商品产出结构可通过求解下列极值问题得到：

$$\text{Max} \left[\text{Min} \left(X, \theta Y \right) \right]$$

$$1.2X + Y = 3600$$

解得，$X = 3600\theta/(1 + 1.2\theta) > 3600\theta/(1.2 + 1.2\theta) = X_o$，$Y = 3600/(1.2 + \theta) > Y_o$。生产要素的就业分工为，当 $\theta = 1$ 时，$L_x = L_y = 109$，$L_s = 82$；当 $\theta = 3$ 时，$L_x = 156$，$L_y = 52$，$L_s = 92$。

以上分析表明，无论服务部门的劳动生产率提高是中性的还是偏某个商品的，技术进步都将导致两种商品的产出同时增加。同理可得，服务的商品生产率提高和商品部门的劳动生产率提高也将导致两种商品的产出增加。于是，在所假设的 Ricardo 世界里，如果全社会的效用函数是 Leontief 型的，那么服务生产部门和/或商品生产部门的技术进步总是导致两种商品的产出同时增加，并使全社会的福利水平提高。

Cobb—Douglas 型效用函数的情形

Cobb—Douglas 型效用函数的一般表达式可以表现为，$U(X, 6) = \delta \ln X + (1 - \delta) \ln Y$，$1 > \delta > 0$。这种效用函数的特点是，商品之间的替代弹性等于 1。在最初的生产技术水平下，商品的产出可通过求解下列极值问题得到：

$$\text{Max} \ [\delta \ln X + (1 - \delta) \ln Y]$$
$$X + Y = 3000$$

把 $Y = 3000 - X$ 代入 $U (X, Y)$ 中得

$U = U (X, Y) = \delta \ln X + (1 - \delta) \ln (3000 - X)$

商品 X 的产量由下列等式决定

$$0 = \frac{dU}{dX} = \frac{\delta}{X} - \frac{1 - \delta}{3000 - X}$$

解得 $X_0 = 3000\delta$，从而 $Y_0 = 3000 (1 - \delta)$。

假设服务部门的劳动生产率出现了中性的技术进步，使 $a = b = 4$。那么，本国的商品生产可能性边界将向右上方平行移动至 $X + Y = 3600$。商品的产出水平由下列极值问题决定：

$$\text{Max} \ [\delta \ln X + (1 - \delta) \ln Y]$$
$$X + Y = 3600$$

解得 $X = 3600\delta > X_0$，$Y_0 = 3600 (1 - \delta) > Y_0$。两种商品的产出都增加。

如果服务部门的劳动生产率出现了偏商品 X 的技术进步，例如 $a = 4$，$b = 2$，那么本国的商品生产可能性边界将向右上方移动至 $X + 1.2Y = 3600$。此时的商品产出水平由下列极值问题决定：

$$\text{Max} \ [\delta \ln X + (1 - \delta) \ln Y]$$
$$X + 1.2Y = 3600$$

把 $X = 3600 - 1.2Y$ 代入 $U (X, Y)$ 中得

$U = U (X, Y) = \delta \ln (3600 - 1.2Y) + (1 - \delta) \ln Y$

于是商品 Y 的产出由下列等式决定：

$$0 = \frac{dU}{dY} = \frac{(1 - \delta)}{Y} - \frac{1.2\delta}{3600 - 1.2Y}$$

解得 $Y = 3000 (1 - \delta) = Y_0$，从而 $X = 3600\delta > X_0$。只有商品 X 的产出增加，而商品 Y 的产出保持不变。

如果服务部门的劳动生产率出现了偏商品 Y 的技术进步，例如 a = 2，b = 4，那么，本国的商品生产可能性边界将向右上方移动至 $1.2X + Y = 3600$。此时的商品产出水平由下列极值问题决定：

$$\text{Max} \left[\delta \ln X + (1 - \delta) \ln Y \right]$$
$$1.2X + Y = 3600$$

根据对称性可得 $X = 3000\delta = X_0$，$Y = 3600 (1 - \delta) > Y_0$。此时，只有商品 Y 的产出增加，而商品 X 的产出保持不变。

假设服务的商品生产率出现了提高。如果这样的生产率提高使 $\alpha = \beta = 2$，即生产率提高是中性的，那么商品产出水平由下列极值问题决定：

$$\text{Max} \left[\delta \ln X + (1 - \delta) \ln Y \right]$$
$$X + Y = 4000$$

解得 $X = 4000\delta > X_0$，从而 $Y = 4000 (1 - \delta) > Y_0$。两种商品的产出都增加。

如果服务的商品生产率提高使 $\alpha = 2$，$\beta = 1.5$，即生产率提高是偏商品 X 的，那么商品产出水平由下列极值问题决定：

$$\text{Max} \left[\delta \ln X + (1 - \delta) \ln Y \right]$$
$$3X + 4Y = 12000$$

解得 $X = 4000\delta > X_0$ 和 $Y = 3000 (1 - \delta) Y_0$。商品 X 的产出增加，而商品 Y 的产出不变。

如果服务的商品生产率提高使 $\alpha = 1.5$，$\beta = 2$，即生产率提高是偏商品 Y 的，那么商品产出水平由下列极值问题决定：

$$\text{Max} \left[\delta \ln X + (1 - \delta) \ln Y \right]$$
$$4X + 3Y = 12000$$

解得 $X = 3000\delta > X_0$，和 $Y = 4000\delta > Y_0$。商品 Y 的产出增

加，而商品 X 的产出不变。

由于生产函数表现为 $X = F (L_x' S_x) = \alpha F (L_x)$ 和 $Y = G (L_y', S_y) = \beta G (L_y)$，因此商品 X 部门的劳动生产率提高等同于生产性服务对商品 X 的生产率提高，而商品 Y 部门的劳动生产率提高等同于生产性服务对商品 Y 的生产率提高。于是，商品 X 部门的劳动生产率提高将导致商品 X 的产出增加，而商品 Y 部门的劳动生产率提高将导致商品 Y 的产出增加。

因此，我们可以得出这样的结论：当效用函数是 Cobb—Douglas 型函数时，不管是服务部门还是商品部门的劳动生产率提高，中性的技术进步总是导致两种商品的产出增加，偏商品 X 的技术进步总是导致商品 X 的产出增加，偏商品 Y 的技术进步总是导致商品 Y 的产出增加。

CES 型效用函数的情形

CES 型效用函数的一般表达式为 $U (X, Y) = (X^p + \theta Y^p)^{\frac{1}{p}}$，其中 $\theta > 0$，$\rho \leqslant 1$。由于效用函数的一个递增函数仍然是效用函数并且具有相同的偏好，因此 CES 型效用函数可以用 $U (X, Y) = X^p + \theta Y^p$ 来表示。当 $\rho = 1$ 时，无差异曲线变成直线。由于商品的生产可能性边界也是直线，只要无差异曲线与它不平行，本国将只生产和消费一种商品。当无差异曲线与商品生产的可能性边界平行时，生产和消费商品 X 和商品 Y 的任何组合对消费者来说都是没有差异的。当 $\rho \neq 1$ 时，商品之间的消费替代弹性

$$\sigma = \frac{1}{1 - \rho}$$

当 $0 < \rho < 1$ 时，$\sigma > 1$。在最初的生产技术水平下，商品的产出由下列极值问题决定：

$$\text{Max } U (X, Y) = \text{Max } [X^p + \theta Y^p]$$

103

$$X + Y = 3000$$

把 $Y = 3000 - X$ 代入 U $(X，Y)$ 中得

$$U = U（X，Y）= X^\rho + \theta（3000 - X）^\rho$$

商品 X 的产量由下列等式决定

$$0 = \frac{dU}{dX} = \rho X^{\rho-1} - \rho\theta（3000 - X）^{\rho-1}$$

解得 $X_0 = 3000B/（1 + B）$ 和 $Y_0 = 3000/（1 + B）$，其中 B $= \theta^{\frac{1}{\rho-1}}$。如果 $\theta = 1$，那么 $B = 1$，从而 $X = Y = 1500$。

当服务部门出现了中性技术进步使 $a = b = 4$ 时，那么，本国的商品生产可能性边界将向右上方平行移动至 $X + Y = 3600$。商品的产出水平由下列极值问题决定：

$$Max \left[X^\rho + \theta Y^\rho \right]$$

$$X + Y = 3600$$

解得 $X = 3600B/（1 + B）> X_0$。和 $Y = 3600/（1 + B）>$ Y_0。中性技术进步使两种商品的产出都增加。

如果服务部门的劳动生产率出现了偏商品 X 的技术进步使 $a = 4$ 但 $b = 2$，那么本国的商品生产可能性边界将向右上方移动至 $X + 1.2Y = 3600$。此时的商品产出水平由下列极值问题决定：

$$Max \left[X^\rho + \theta Y^\rho \right]$$

$$X + 1.2Y = 3600$$

把 $X = 3600 - 1.2Y$ 代入效用函数可得

$$U = U（X，Y）=（3600 - 1.2Y）^\rho + \theta Y^\rho$$

于是商品 Y 的产出水平满足下列等式

$$0 = \frac{dU}{dY} = \rho\theta Y^{\rho-1} - 1.2\rho(3600 - 1.2Y)^{\rho-1} = \rho\theta Y^{\rho-1} - 1.2\rho X^{\rho-1}$$

解得 $Y = 3000A/（B + A）$ 和 $X = 3600B/（B + A）$，其中 A $= 1.2^{\frac{\rho}{\rho-1}}$。

当 $\rho = 0$ 时，$A = 1$。因此有 $X = 3600B/（1 + B）> X_0$

和 $Y = 3000/(1 + B) = Y_0$。

当 $0 < \rho < 1$ 时，$A < 1$。因此

$X = 3600B/(B + A) > 3600B/(B + 1) > 3000B/(B + 1) = X_0$。因为

$$\frac{A}{B + A} - \frac{1}{B + 1} = \frac{A(B + 1) - (B + A)}{(B + A)(B + 1)} = \frac{B(A - 1)}{(B + A)(B + A)} < 0$$

所以　$Y = 3000A/(B + A) < 3000/(B + 1) = Y_0$

当 $\rho < 0$ 时，$A > 1$，从而 $A/(B + A) < 3000/(B + 1) > 0$。因此

$$Y = 3000A/(B + A) < 3000/(B + 1) = Y_0$$

由于 $\omega = 1.2\dfrac{1}{\rho - 1} < 1 A = 1.2\omega$，故

$X = 3600B/(B + 1.2\omega) > 3000B/(B + \omega) > 3000B/(B + 1) = X$

如果服务部门的劳动生产率出现了偏商品 Y 的技术进步使 $a = 2$ 但 $b = 4$，那么本国的商品生产可能性边界将向右上方平行移动至 $1.2X + Y = 3600$。此时的商品产出水平由下列极值问题决定：

$$\text{Max } [X^\rho + \theta Y^\rho]$$
$$1.2X + Y = 3600$$

求解得 $X = 3000AB/(1 + AB)$ 和 $Y = 3600/(1 + AB)$。

同理，当 $\rho = 0$ 时，$A = 1$。因此有 $X = 3000B/(1 + B) = X_0$ 和 $Y = 3600/(1 + B) > Y_0$。

当 $0 < \rho < 1$ 时，$A < 1$。因此 $Y = 3600/(1 + AB) > 3600/(1 + B) > Y_0$。因为 $x/(1 + x)$ 是 X 的递增函数，因此 $X = 3000AB/(1 + AB) < 3000B/(1 + B) = X_0$

当 $\rho < 0$ 时，$A > 1$，

从而 $A/(B + A) - 1/(B + 1) > 0$。因此

$$Y = 3000A/(B + A) > 3000/(B + 1) = Y_0$$

由于 $\omega = 1.2\frac{1}{\rho - 1} < 1$ 和 $A = 1.2\omega$，故

$$X = 3600B / (B + 1.2\omega) > 3000B / (B + \omega) > 3000B / (B + 1) = X_0$$

换言之，当效用函数是 CES 型时，如果 $\rho < 0$，服务部门的技术进步将会导致两种商品的产出同时增加；如果 $\rho > 0$，服务部门出现偏商品 X（Y）的技术进步将会导致商品 X（Y）的产出增加但使另一种商品 Y（X）的产出减少。同理，如果 $\rho < 0$，商品部门的技术进步将导致两种商品的产出增加；如果 $\rho > 0$，商品 X（Y）部门出现技术进步将导致商品 X（Y）的产出增加但使商品 Y（X）的产出减少。可以证明，较小的非中性技术进步将导致两种商品的产出同时增加。

因此，就全社会的消费偏好而言，我们可以得到这样的结论：当一个国家的商品替代弹性小于一时，任何技术进步都将导致两种商品的产出同时增加；当一个国家的商品替代弹性等于一时，只影响一种商品的技术进步将导致该商品的产出增加，而另一种商品的产出保持不变；当一个国家的商品替代弹性大于一时，服务或商品部门的非中性技术进步可能会导致所偏商品的产出增加，但使另一种商品的产出减少。

5.2 技术差异与生产性服务贸易

到此为止，我们考察了封闭经济条件下的生产性服务。我们现在要分析两个这样的国家从事国际贸易的结果。显然，在规模收益不变的条件下，如果两个国家是完全相同的，那么就不会有国际贸易。因此必须假设它们之间存在某些差异。我们在本节中将考察两种技术差异。首先假设两个国家的服务技术是不同的但商品技术是相同的；然后假设两个国家的服务技术是相同的但商品技术是不同的。

我们首先假设本国 H 和外国 F 生产商品 X 和 Y 的技术相同，但外国 F 生产服务 S 的技术比本国 H 的高。如果这种技术差异是中性的，那么商品的相对价格在本国和外国是相同的，但服务的价格在外国相对较低。因此，一旦两个国家开展国际贸易，不会发生商品之间的国际交换，贸易的发生只能表现为商品与服务之间的国际交换。本国出口商品 X 和 Y、进口服务 S，而外国则相反。因此，我们可以立即得到这样一个结论：如果两个国家的差异仅仅存在于服务部门，那么服务贸易是导致商品贸易的原因，而且服务生产技术较高的国家将会出现商品贸易赤字。

如果外国的生产要素禀赋 N_f 小于生产两个国家所需服务的生产要素投入 L_s^w，那么外国不能提供两国所需的全部生产性服务。本国还必须生产部分服务。由于在我们的模型中对生产性服务的需求是内生的、需求弹性为零，H 国的服务价格水平由本国的生产成本决定。H 国的商品与服务之间的相对价格仍然保持不变。因此，尽管本国的一些生产要素从服务部门转移到了商品部门，但它们的生产率并没有任何提高。换言之，在自由贸易条件下，如果 $N_f < L_s^w$，那么开展国际贸易不能增加本国的福利水平，得自国际贸易的全部好处将由外国获得。H 国获得贸易利益的办法是对服务的进口和/或商品的出口征收关税。但是在我们的模型假设下，H 国对贸易征收关税只要不消除服务贸易就不影响 H 国商品 X 和 Y 的产出水平。F 国对服务 S 的出口和/或商品进口征收关税可能会使它的福利水平下降，如果关税收入小于产出的损失。

如果外国的生产要素禀赋 N_f 大于生产两个国家所需服务的生产要素投入 L_s^w，那么外国 F 将生产两国所需的生产性服务。此时，对 H 国来说，进口生产性服务相当于服务的生产技术出现了中性进步。从而导致本国的福利水平增加。但是对 F 国来说，生产要素从商品生产转到服务生产并没有提高其收入和/或降低商品的价格水平。因此 F 国的福利水平保持不变。换言之，在自由贸易条件下，如果 N_f > L_s^w，那么开展国际贸易不能增加外国的福利水平，得自国际贸易的全部好处将由本国获得。F 国获得贸易利益的办法是对服务的出口和/或商品的进口征收关税。H 国对服务 S 的进口和/或商品出口征收关税可能会使本国的福利水平下降，如果关税收入小于产出的损失。但是在我们的模型假设下，H 国对贸易征收关税只要不消除服务贸易就不影响 H 国商品 X 和 Y 的产出水平。

上述情况可用图 5—3 来表示。TT′ 表示本国贸易前的商品生产可能性边界。此时的商品生产和消费位于 Q 点。本国进口服务使商品生产可能性边界向右上方平行移动到 $\overline{TT'}$。OI 表示本国的收入消费曲线。如果进口的服务不需支付，本国的商品生产和消费将位于 A 点。由于国内外的消费偏好相同，因此不妨假设本国出口商品的比例与国内的消费比例是一样的。于是，进口服务后，本国的商品生产位于 A 点。出口商品使本国的商品消费沿 OI 线向左下方移动到 C 点。向量 AC 表示用于支付进口服务的商品。这样，得自国际贸易的利益可用商品向量 QC 表示。假设体现在进口服务中的生产要素为 M，D 点的位置使 AD/M = OA/(L + M)。那么，当 Nf > Lws 时，C 点位于 D 点。得自国际贸易的利益 QD 全部被本国所得。此时外国对贸易征税可使 C 点向 Q 点移动，从而或得部分贸易利益。当 Nf < Lws 时，C 点位于 Q 点。得自国际贸易的利益 QD 全部被外国所得。此时本国对贸易征税可使 C 点向 D 点移动，从而或得部分贸易利益。

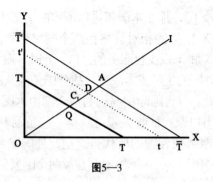

图5—3

以上的分析充分说明了 Ricardo 贸易理论的一个重要结论，即得自国际贸易的利益分配取决于两个国家的规模大小。由于在服务进口国也生产服务的时候，服务的价格水平由本国的生产成本决定，因此在 $Nf > L_s^w$ 的条件下，在外国 F 的服务完全代替本国 H 的服务之前，贸易利益将被外国 F 所得。故对于服务进口国来说，只要本国仍生产服务，对生产性服务征收进口关税总是能提高本国的福利水平。

假设国内外生产服务的技术差异不是中性的（是偏商品 Y 的），那么商品 Y 和服务 S 的价格在外国 F 相对较低。此时，如果只存在商品贸易，本国 H 将出口商品 X 和进口商品 Y，外国 F 则出口商品 Y 和进口商品 X。如果同时存在商品贸易和服务贸易，那么进口服务使商品之间的相对价格在国内外相等，并使本国的商品生产可能性边界出现偏商品 Y 的扩张。因此，本国 H 将出口商品 X 和 Y，进口服务 S，外国 F 则相反。

如果 $N_f < L_s^w$，外国将只生产和出口服务，进口商品 X 和 Y；本国在进口服务的同时还将生产部分服务，出口商品 X 和 Y。由于服务的价格由本国的生产成本决定，在自由贸易情况下，贸易利益全部被外国 F 所得。本国获得贸易利益的手段是对服务 S 的进口或商品的出口征收关税。

如果 $N_f > L_s^w$，那么本国将进口所需的全部生产性服务，从而使商品 X 和 Y 的相对价格在两个国家相同。因此本国将出口商品 X 和 Y 以支付服务的进口。此时，服务相对于商品的价格由外国的生产成本决定，故外国无法从国际贸易中获得任何好处。得自国际贸易的利益全部由本国所得。F 对进口商品或出口服务征收关税可获得一些贸易利益。但是，在本国 H 的服务被外国的所代替之前，外国 F 将出口 S 和 Y，本国 H 将出口 X。国际贸易利益被两个国家分享。

我们同样可用一个图来说明。在图 5—4 中，TT′仍表示贸易前本国的商品生产可能性边界。在仅存在商品贸易条件下，本国的生产位于 T 点。本国出口商品 X 和进口商品 Y，而消费位于 D 点。允许服务贸易将导致商品之间的相对价格在国内外相等。本国进口服务的技术效应使本国的商品生产可能性边界移动至 $\overline{TT''}$，而进口服务的资源效应使本国的商品生产可能性边界从移动至 TT″移动至 。OT 表示商品价格等于 TT″斜率时的收入消费线。当 $N_f > L_s^w$ 时，支付服务进口的商品等于向量 AD，全部贸易利益（等于向量 QD）被本国所得。当 $N_f < L_s^w$ 时，支付服务进口的商品等于向量 AQ，全部贸易利益被外国所得。

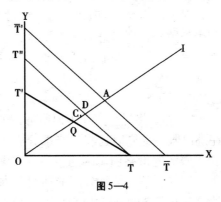

图 5—4

　　这种情形说明了一个重要的情况：如果商品的价格差异是由生产性服务的技术差异引起的话，允许服务贸易会完全代替同向的商品贸易，甚至会逆转商品贸易格局。

　　我们现在开始考虑第二种技术差异：两个国家的服务生产技术是相同的但商品生产技术是不同的。假设本国 H 在生产商品 X 上有技术优势，外国在生产商品 Y 上有技术优势。一旦允许商品和服务国际贸易，我们便可观察到标准的 Ricardo 结果，即本国将生产和出口商品 X，外国将生产和出口商品 Y。贸易利益的分配仍然取决于两个国家的相对规模。此时，如果商品贸易不平衡，就可通过服务贸易来调节。当本国商品贸易有赤字时，可通过出口服务来弥补。当本国商品贸易有顺差时，可通过出口服务来调节弥补。

　　最后，我们考虑上述两种技术差异的组合：本国 H 在生产商品 X 上有技术优势，而外国在生产商品 Y 和服务 S 上有技术优势。如果外国在 S 上的技术优势是偏商品 X、正好能抵消它在商品 X 上的技术劣势，那么商品的相对价格在两个国家是相同的。如果只允许商品贸易，不会发生贸易。但是，如果允许商品贸易和服务贸易，则本国进口生产性服务能使本国在商品 X 上的优势显示出来。本国将出口商品 X、进口服务 S 和商品 Y，外国 F 则出口服务 S 和商品 Y、进口商品 X。在这种情况下，没有服务贸易就没有商品贸易。服务贸易是促进商品贸易的，服务贸易是产生商品贸易的原因。

　　我们用图 5—5 来说明。TT′ 仍表示贸易前本国的商品生产可能性边界。商品生产和消费位于 Q 点。允许服务贸易后，进口服务使本国在商品 X 上的优势得以显示出来。本国进口服务的技术效应使本国的商品生产可能性边界移动至 T″T′，而进口服务的资源效应使本国的商品生产可能性边界从 T″T′ 移动至 $\overline{TT'}$。本国的商品生产位于 $\overline{T'}$，而消费位于 C 点。P 表示商品之间的相对价格。本国出口 的商品 X（其中 的商品 X 是用于支付服务进口）和进口 BC 的商品 Y。贸易使本国的福利水平从 U 增加到 U′。

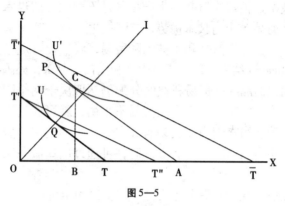

图 5—5

如果 F 在生产 S 上的技术优势不能抵消它在商品 X 上的技术劣势，那么在只存在商品贸易的情况下，本国出口商品 X 和进口商品 Y，外国则出口商品 Y 和进口商品 X。在图 5—6 表现为商品的生产和消费分别位于 T 点和 C 点。如果允许商品贸易和服务贸易，那么本国在商品 X 上的技术优势会由于进口服务 S 而得到进一步加强。本国的商品生产可能性边界出现偏商品 X 的扩张。进口服务的技术效应使本国的商品生产可能性边界移动至 T″T′，而进口服务的资源效应使本国的商品生产可能性边界从 T″T′ 移动至 $\overline{TT'}$。此时，本国的商品生产和消费分别位于 $\overline{T}$ 点和 C′点。本国出口 $\overline{BT}$ 的商品 X（其中 $\overline{AT}$ 的商品 X 是用于支付服务进口）和进口 BC 的商品 Y。本国的福利水平将从只有商品贸易时的 U 增加到 U′。但是商品贸易量的变化取决于商品贸易条件的变化（从 P 到 P′）和本国的效用函数类型。如果本国的商品贸易条件恶化且商品 X 和 Y 之间的替代弹性较大，商品贸易量就会减少。

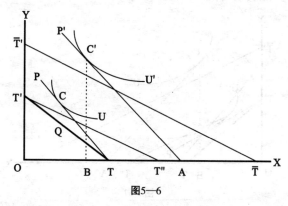

图5—6

如果外国 F 在 S 上的偏商品 X 技术优势超过抵消它在商品 X 上的劣势所需的，使商品 X 的价格在 F 较低，那么在只存在商品贸易的时候，F 出口商品 X 和进口商品 Y，H 出口商品 Y 和进口商品 X。在图4—7 中表现为本国的商品生产和消费分别位于 T′点和 C 点，所达到的福利水平为 U。此时，商品的之间的价格为 P。如果允许服务贸易，H 在生产商品 X 上的技术劣势就会消失，而 F 在生产商品 Y 上的技术优势就会逐渐显示出来。最终导致商品 X 的价格在本国较低，商品 Y 和服务 S 的价格在外国较低。本国将出口商品 X、进口商品 Y 和服务 S，外国将出口商品 Y 和服务 S、进口商品 X。本国进口服务使商品生产可能性边界呈偏商品 X 的扩张。同样，进口服务的技术效应使本国的商品生产可能性边界移动至 T″T′，而进口服务的资源效应使本国的商品生产可能性边界从 T″T′移动至 $\overline{TT′}$。此时，本国的商品生产和消费分别位于 $\overline{T}$ 点和 C′点。本国出口 的商品 X（其中 $\overline{AT}$ 的商品 X 是用于支付服务进口）和进口 BC

113

的商品 Y。商品的之间的价格为 P′。本国的福利水平将从
只有商品贸易时的 U 增加到 U′。

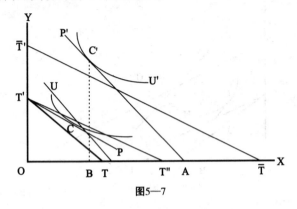

图5—7

　　这种情况说明，服务贸易可以使两个国家在商品 X 和
Y 上的比较优势发生了逆转。这是一个非常重要的结论。
生产性服务包括许多服务，其中一些服务是某种商品生产
所需的特定服务。如果本国最初在一种商品上的技术劣势
产生于该商品特定生产性服务的不可得性，那么允许生产
性服务贸易可能会使该国在生产这种商品上的不利因素消
失、由劣势转变为优势，从而由进口这种商品转为出口这
种商品。如果这样的生产性服务只能以直接投资的形式出
现，那么一个国家对外来直接投资开放国内生产性服务市
场对于发挥本国在一些商品上潜在的比较优势是至关重
要的。

5.3 要素禀赋差异与生产性服务贸易

基本模型

把我们在上一节所建立的模型略加修改，就可以用来

114

分析要素禀赋差异对生产性服务贸易和商品贸易的影响。
当存在两种生产要素时，我们描述本国经济的基本模型由
下列七个方程组成：

$$U = U(X, Y) \tag{5.7}$$

$$X = F(L_x, K_x, S_x) = L_x F(k_x, S_x) \tag{5.8}$$

$$Y = G(L_y, K_y, S_y) = L_y G(k_y, S_y) \tag{5.9}$$

$$S_x = H(L_x/a, K_{sx}) = f(k_s) L_x/a \tag{5.10}$$

$$S_y = H(L_y/b, K_{sy}) = f(k_s) L_y/b \tag{5.11}$$

$$(1 + 1/a) L_x + (1 + 1/b) L_y = L \tag{5.12}$$

$$(k_x + k_s/a) L_x + (k_y + k_s/b) L_y = K \tag{5.13}$$

其中（5.7）表示全社会的效用函数，只有商品能产生效
用；（5.8）和（5.9）分别表示商品 X 和商品 Y 的生产函
数；（5.10）和（5.11）分别表示商品生产所需服务的生
产函数，而且对服务的需求是内生的，取决于商品生产的
劳动投入；（5.12）和（5.13）分别表示生产要素的分配。
（5.8）至（5.13）决定了本国的商品生产可能性边界。

当三个部门所需的生产要素比例 k_x、k_y 和 k_s 固定不变
时，我们很容易得到商品的生产可能性边界。假设 $k_x =$
0.5，$k_y = 2$，$k_s = 1$，$L = K = 300$，$a = b = 2$。假设在拥有适
当的资本的条件下每人可生产 15 个商品 X 或商品 Y。如果
本国只生产商品 X，生产要素可划分为 100 组，每组产出
为 30 个商品 X，共生产 3000 个 X。此时存在 100 个单位的
资本失业。如果本国只生产商品 Y，生产要素可划分为 60
组，每组产出为 30 个商品 Y，共生产 1800 个 Y。此时存在
120 个人失业。求解下列方程组

$$(1 + 1/2) L_x + (1 + 1/2) L_y = 300$$

$$(1/2 + 1/2) L_x + (2 + 1/2) L_y = 300$$

$$L_s = (L_x + L_y)/2$$

可得充分就业时的生产要素分布为

$L_x = 400/3$，$L_y = 200/3$，$L_s = 100$。

$K_x = 200/3$，$K_y = 400/3$，$K_s = 100$。

从而 $X = 2000$，$Y = 1000$。于是，本国的商品生产可能性边界如图5—8所示。它由两段直线组成，点（2000，1000）为折点。

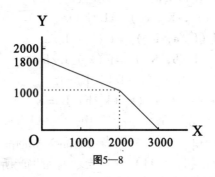

图5—8

如果允许生产要素比例 k_x、k_y 和 k_s 发生变化，则商品的生产可能性边界为一条凹向原点的光滑曲线。在这样的假设之下，商品 X 和 Y 的产出最终由商品的生产可能性边界和全社会的效用函数决定（如图5—9所示），并由此决定生产性服务的产出。

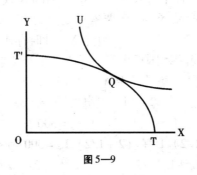

图5—9

技术进步对商品生产可能性边界的影响

在一种生产要素的 Ricardo 世界里，服务部门出现技术进步节约出来的生产要素可以用于生产任何一种商品及其所需的生产性服务，并实现生产要素的充分就业。但是在两种生产要素的 Hechscher—Ohlin 世界里，由于三个部门存在不同的生产要素比例，为了实现生产要素的充分就业，服务部门出现技术进步节约出来的生产要素可能会影响到两种商品的生产。

假设服务部门出现了技术进步，使 a 和 b 的值增加。无论这种技术进步是中性的还是偏某种商品的，都将导致服务部门只需较少的生产要素。服务部门节约出来的生产要素资源可在生产商品 X 和 Y 之间重新分配。商品 X 和 Y 的产出变化取决于三个部门的生产要素比例之间的相互关系：

当 $ks < kx < ky$ 时，商品 X 的产出增加，而商品 Y 的产出减少；

当 $kx < ks < ky$ 时，商品 X 和商品 Y 的产出同时增加；

当 $kx < ky < ks$ 时，商品 X 的产出减少，而商品 Y 的产出增加。

换言之，服务部门出现任何技术进步会导致商品生产可能性边界出现中性的、偏商品 X 或偏商品 Y 的扩张。

服务的商品生产率提高对商品生产可能性边界的影响是非常确定的，因为这样的技术进步不会改变生产要素在三个部门的配置。当服务对商品 X 的生产率提高时，商品 X 的产出增加；当服务对商品 Y 的生产率提高时，商品 Y 的产出增加；当服务对商品 X 和商品 Y 的生产率同时提高时，两种商品的产出也同时增加。因此，如果服务对两种商品的生产率提高程度相同，则商品生产可能性边界的扩张是中性的；如果服务对商品 X 的生产率提高大于对商品 Y 的，则商品生产可能性边界的扩张是偏商品 X 的；如果服务对商品 Y 的生产率提高大于对商品 X 的，则商品生产可能性边界的扩张是偏商品 Y 的。

同样，商品部门的劳动生产率提高对商品生产可能性边界的影响是非常清楚的。商品 X 部门的劳动生产率提高导致商品生产可能性边界的扩张是偏商品 X 的，而商品 Y 部门的劳动生产率提高导致商品生产可能性边界的扩张是偏商品 Y 的。

效用函数的作用

在一种生产要素的 Ricardo 世界里，我们已经看到，在不同的社会效用函数条件下，技术进步对商品产出的影响是不一样的。同样，在两种生产要素的 Hechscher—Ohlin 世界里，技术进步在不同效用函数假设下对商品产出的影响也是不完全相同的。

当效用函数是 Leontief 型或 Cobb—Douglas 型时，技术进步总是导致两种商品的产出增加。当效用函数是 CES 型时，如果技术进步使商品生产的可能性边界出现了较大的偏某种商品的扩张，那么就会导致该商品的产出增加，而另一种商品的产出减少。

要素禀赋差异与国际贸易

为了分析要素禀赋差异和技术差异对国际贸易的影响，我们假设商品 X 是劳动密集型的，商品 Y 是资本密集型的。

首先考察要素禀赋差异对国际贸易的影响。我们假设国内外生产商品和服务的技术是相同的，国内外具有相同的需求偏好，但本国具有相对较多的劳动要素资源。如果只存在商品贸易，那么根据比较优势原则，本国将出口劳动密集型商品 X 和进口资本密集型商品 Y。当国内外的相对要素禀赋实现均等时，本国和外国将实现要素价格均等化，并使福利水平达到最大。如果允许服务贸易，那么服务贸易的格局取决于服务与商品的相对要素密集程度。由于国内外的消费偏好相同，只有商品能产生效用且贸易只是使两个国家的相对要素禀赋实现均等，因此，服务贸易并不影响国内外所消费的商品 X 和 Y 数量以及福利水平。但是，服务贸易会影响国内外的商品产出结构及商品贸易结构。

当 $k_s < k_x < k_y$ 时，本国出口服务 S 的效率大于出口商品 X 的。因此商品 X 的部分或全部出口将被出口服务 S 所替代。因此，国际贸易格局有四种可能：

（1）H 出口 X，进口 Y；

（2）H 出口 S，进口 Y；

（3）H 出口 S+X，进口 Y；

（4）H 出口 S，进口 X+Y。

这四种贸易格局及其伴随的商品生产格局可以用图 5—10 来说明。TT′表示本国的商品生产可能性边界。在商品贸易条件下，本国的商品生产位于 Q 点。本国出口 AQ 的商品 X 和进口 AC 的商品 Y。直线 R 表示本国出口服务后商品生产的变化轨迹，即 Rybczynski 线。由于 $k_s < k_x < k_y$，所以出口服务将导致商品 X 的产出下降和商品 Y 的产出增加。B 点表示本国出口服务和进口商品 Y 时的商品产出结构。此时，服务的出口完全代替了商品 X 的出口。商品 Y 的进口为 BC。D 点表示本国出口服务和商品 X、进口商品 Y 时的商品产出结构。商品 X 的出口为 GD，商品 Y 的进口为 GC。E 点表示本国出口服务 S、进口商品 X 和 Y 时的商品产出结构。商品 X 和商品 Y 的进口分别为 EF 和 FC。

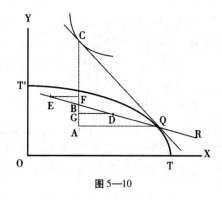

图 5—10

当 $k_x < k_y < k_s$ 时，进口服务 S 的效率大于进口商品 Y。因此商品 Y 的部分或全部进口将被进口服务 S 所替代。此时的国际贸易格局也有四种可能：

(1) H 出口 X，进口 Y；

(2) H 出口 X，进口 S；

(3) H 出口 X，进口 Y + S；

(4) H 出口 X + Y，进口 S。

这四种贸易格局及其伴随的商品生产格局可以用图5—11 来说明。TT′表示本国的商品生产可能性边界。在商品贸易条件下，本国的商品生产仍然位于 Q 点。本国出口 AQ 的商品 X 和进口 AC 的商品 Y。直线 R 表示本国进口服务后商品生产的可能组合，即 Rybczynski 线。由于 $k_x < k_y < k_s$，因此进口服务将导致商品 X 的产出减少和商品 Y 的产出增加。D 点表示本国出口商品 X（出口量为 CD）和进口服务 S 时的商品产出结构。B 点表示本国进口服务 S，出口商品 X 和 Y 时的商品产出结构。本国出口 GB 的商品 X 和 GC 的商品 Y。% 点表示本国进口服务 S 和商品 Y，出口商品 X 时的商品产出结构。本国出口 FE 的商品 X 和进口 FC 的商品 Y。

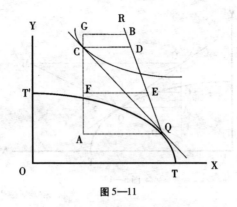

图5—11

当 $k_x < k_s < k_y$ 时，国际贸易格局主要有五种：

(1) H 出口 X，进口 Y；

(2) H 出口 X＋S，进口 Y；

(3) H 出口 X，进口 Y＋S；

(4) H 出口 S，进口 Y；

(5) H 出口 X，进口 S。

这五种贸易格局及其伴随的商品生产格局可以用图5—12来说明。Q 点仍表示商品贸易时本国的商品产出组合。本国出口 AQ 的商品 X 和进口 AC 的商品 Y。BQM 线表示本国进口或出口服务时商品产出的可能组合，即 Rybczynski 线。由于 $k_x < k_s < k_y$，故出口服务将导致两种商品的产出下降，而进口服务将导致两种商品的产出增加。D 点表示本国出口商品 X 和服务 S，进口商品 Y 时的商品产出结构。本国出口 FD 的商品 X 和进口 FC 的商品 Y。E 点表示本国出口商品 X，进口商品 Y 和服务 S 时的商品产出结构。本国出口 GE 的商品 X 和进口 GC 的商品 Y。另外两种商品生产和贸易格局分别由 B 点和 M 点表示。B 点表示本国出口服务 S 和进口商品 Y（进口量为 BC）的贸易格局，M 点表示本国出口商品 X（出口量为 MC）和进口服务 S 的贸易格局。

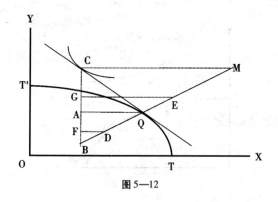

图5—12

以上分析表明，如果国际贸易是由要素禀赋差异引起的，那么在商品贸易的基础上引入生产性服务贸易既可以增加也可以减少商品贸易。服务贸易的引入可能会使一种商品退出国际贸易，使国际贸易表现为服务与一种商品之间的交换。换言之，服务贸易与其中一种商品贸易是完全可相互替代的。因此在国际收支平衡的前提下，服务出口国必然有商品贸易赤字，而服务进口国必然有商品贸易黑字。

技术差异与国际贸易

为了分析技术差异对国际贸易的影响，我们假设国内外具有相同的要素禀赋和需求偏好，且商品和服务的生产具有不变的规模收益。假设国外具有较高的服务生产技术。

如果这种技术差异是中性的，那么商品之间的相对价格在两个国家是相同的。只允许商品贸易显然不会导致贸易的发生。此时如果允许服务贸易，本国将进口服务。外国的服务将替代本国的服务。这将会导致本国的一些生产要素从服务部门转移出来，用于生产商品，从而导致商品的生产可能性边界向外扩张。服务贸易对本国商品产出和

贸易的影响取决于服务与商品的生产要素比例之间的相互
关系：

当 $k_s < k_x < k_y$ 时，本国进口服务将使商品 X 的产出增
加，而商品 Y 的产出减少，从而导致商品的生产可能性边
界出现偏商品 X 的扩张。在图 5—13 中，TT′表示贸易前本
国的商品生产可能性边界。本国贸易前的商品生产和消费
位于 Q 点。在充分就业条件下，进口服务使本国的商品生
产从 Q 点沿 Rybczynski 线 R 向右下方移动到 A 点。

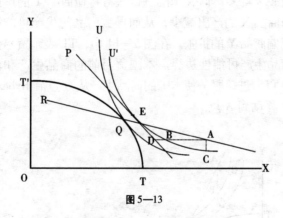

图 5—13

本国进口服务需要用出口商品 X 和/或商品 Y 来支付。
从理论上来说，贸易格局有以下五种可能：（1）本国出口
商 X，进口服务 S；

（2）本国出口商 Y，进口服务 S；

（3）本国出口商 X 和 Y，进口服务 S。

（4）本国出口商 X，进口服务 S 和商品 Y；

（5）本国出口商 Y，进口服务 S 和商品 X。

由于服务进口使本国商品生产的可能性边界出现偏商
品 X 的扩张，除非国内外的技术差异很大且商品之间的消

费替代弹性大于一，否则只有第一和第四种贸易格局是可能的。在图5—13中，B点表示第一种贸易格局。商品X的出口为AB。%点表示第四种贸易格局，商品之间的国际交换表现为向量DE。P表示商品的价格。另外，本国还将出口AD的商品X用于进口服务。贸易格局取决于商品之间的相对价格。如果商品X的价格较低，本国只出口商品X；如果商品X的价格较高，本国只出口商品Y。国际贸易使本国的福利水平从从U提高到U′。

当$k_x < k_y < k_s$时，本国进口服务将使商品Y的产出增加，而商品X的产出减少，从而导致商品的生产可能性边界出现偏商品Y的扩张。在图5—14中，TT′表示贸易前本国的商品生产可能性边界。本国贸易前的商品生产和消费位于Q点。进口服务使本国的商品生产从Q点沿Rybczynski线R移动到A点。

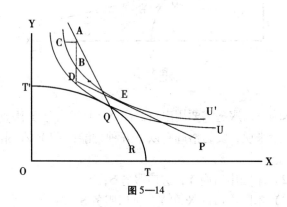

图5—14

同理，本国进口服务需要用出口商品X和/或商品Y来支付。因此，贸易格局也有上述五种可能。但是，由于进口服务使本国的商品生产可能性边界出现偏商品Y的扩张，商品贸易格局一般表现为第二或第五种情形。在图5—

14 中，B 点表示第二种贸易格局。商品 Y 的出口为 AB。% 点表示第五种贸易格局。此时，商品之间的国际交换表现为向量 DE。P 表示商品之间的价格。本国还将出口 AD 的商品 Y 用于进口服务。贸易使本国的福利水平从从 U 提高到 U′。

当 $k_x < k_s < k_y$ 时，本国进口服务将使商品 X 和 Y 的产出同时增加，从而导致商品的生产可能性边界出现中性的扩张。在图 5—15 中，TT′表示贸易前本国的商品生产可能性边界。本国的商品生产和消费位于 Q 点。$\overline{\text{TT}}'$表示本国进口服务后的商品生产可能性边界。进口服务使本国的商品生产从 Q 点沿 Rybczynski 线 R 移动到 A 点。

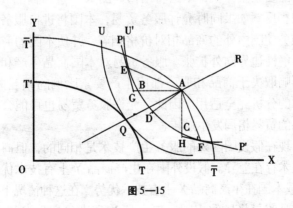

图 5—15

同理，国际贸易格局有上述五种可能，即

（1）本国出口商 X，进口服务 S；

（2）本国出口商 Y，进口服务 S；

（3）本国出口商 X 和 Y，进口服务 S；

（4）本国出口商 X，进口服务 S 和商品 Y；

（5）本国出口商 Y，进口服务 S 和商品 X。

由于进口服务使本国的商品生产可能性边界出现中性的扩张，这五种贸易格局都是非常可能的。在图 5—15 中，B 点表示第一种贸易格局。商品 X 的出口为 AB。C 点表示第二种贸易格局。商品 Y 的出口为 AC。D 点、% 点和 F 点分别表示第三、第四和第五种贸易格局，它们的商品贸易向量分别为 AD、AE 和 AF。商品的相对价格对贸易格局有着很大的影响。当商品 X 的价格较低时，本国只出口商品 X；当商品 X 的价格较高时，本国只出口商品 Y。贸易使本国的福利水平从从 U 提高到 U′。

如果国内外的服务技术差异是非中性的（假设是偏商品 Y 的），那么在贸易前，商品 Y 的价格在外国相对较低。在商品贸易条件下，本国将出口商品 X 和进口商品 Y，外国则相反。如果同时允许服务贸易，本国将进口服务。进口服务使国内外的商品相对价格相等，并使本国的商品生产可能性边界向外扩张。服务贸易对本国商品生产和贸易的影响取决于商品和服务部门生产要素比例的相互关系。刚才的分析完全适用。因此，允许服务贸易也可能会导致商品的贸易格局发生逆转。

现在假设国内外的服务生产技术是相同的，但商品生产技术存在差异。假设外国在生产商品 Y 上有技术优势以及/或本国在生产商品 X 上有技术优势。在这种情况下，允许商品贸易将导致本国出口商品 X 和进口商品 Y。此时，服务贸易的发生主要是为了调节国际商品贸易的不平衡。

5.4 结论

本章把生产性服务作为商品生产的内生变量纳入传统的国际贸易分析中。服务本身并不能直接产生效用，只有商品才能给消费者带来效用。

在我们的 Ricardo 模型中，当商品之间的消费替代弹性小于一时，服务部门或商品部门的技术进步将导致所有商品的产出增加：当商品之间的消费替代弹性等于一时，在受到技术技术进步影响的商品部门，产出都将增加，而其他商品部门的产出保持不变；当商品之间的消费替代弹性大于一时，服务部门或商品部门出现偏某一商品的技术进步可能会导致一种商品的产出增加而另一种商品的产出减少。

如果两个国家之间仅在服务生产方面存在技术差异，那么得自贸易的利益分配取决于技术先进国家（也是服务出口国）是否提供了两个国家所需的全部服务。如果没有，贸易利益将被服务进口国所得；反之，贸易利益被服务出口国所得。对服务的进口或出口征税可以改变贸易利益的分配。如果服务技术差异是非中性的，那么服务贸易与所偏向的商品贸易之间是一种替代关系。服务贸易可以逆转原有的商品贸易格局。

在有两种要素的 Hechscher—Ohlin 模型中，服务部门的技术进步对商品产出的影响，除了技术进步的特点和社会需求的偏好之外，还会取决于商品部门与服务部门之间要素比例的相对关系。当商品之间的消费替代弹性小于一时，服务部门或商品部门的技术进步同样将导致所有商品的产出增加；当商品之间的消费替代弹性大于一时，服务部门的非中性技术进步就会导致要素比例与之较接近的商品产出增加而另一种商品的产出减少。

如果两个国家之间仅存在要素禀赋差异，那么服务贸易与同向的商品贸易是一种替代关系。服务贸易不能增加或减少在商品贸易条件下所达到的福利水平，但它可以改变商品的生产结构和贸易结构。服务贸易可以增加或减少商品贸易。如果两个国家之间还存在服务技术差异，那么服务贸易可以是商品贸易的原因。因此，服务贸易将会提高贸易国的福利水平。服务贸易同样可以改变商品贸易的格局，其影响取决于商品部门和服务部门之间要素比例的相对关系。

本章的分析表明，当商品贸易是由生产性服务方面的技术差异引起时，允许服务贸易可以替代同向的商品贸易。当商品贸易是由商品部门和服务部门的技术差异引起时，服务贸易对于发挥一个国家潜在的比较优势是非常重要的，因为服务贸易可以逆转原有的商品贸易格局。因此，一个国家对外开放生产性服务市场可以使国内的一些商品部门的生产率提高，从而促进这些部门的发展。我国旅游业的迅速发展，在很大程度上得益于对外开放饭店服务等相关生产性服务行业。

第6章　规模经济与生产性服务贸易

6.1 引言

在上一章中，我们考察了存在要素禀赋差异和技术差异条件下生产性服务贸易的影响。在现实中，许多生产性服务的生产存在规模经济。在这一章中，我们将继续考察生产性服务，但是假设它的生产存在规模经济。

过去人们普遍认为，就要求消费者参与整个生产过程的传统接触性服务而言，如零售服务、饮食服务和医疗服务，内部规模经济的作用是非常有限的。或者说，在这些服务的生产过程中，内部规模经济很容易被实现。传统服务行业基本上面临的是一个竞争性市场。在传统接触服务行业中可能存在一定的外部规模经济，但其作用不是非常明显。然而，连锁店的迅速发展说明许多传统服务业也存在规模经济。

近几十年来，通信和数据处理以及银行和保险等生产性服务所经历的快速技术进步表明了规模经济的存在。尽管可能同时存在内部规模经济和外部规模经济，但这些行业的不完全竞争和垄断特征表明，得自规模经济的利益大多被生产企业所得，因此可以说这些服务行业的规模经济是内部的，而不是外部的。

服务部门的规模经济具有不同于货物部门的传统规模

经济的一个非常明显的特征。货物部门的规模经济通常表现为生产的集中，即货物在一个或少数几个地点生产然后被运到各地出售。而在服务部门，由于消费者要参与服务的生产过程，这种参与表现为服务的消费者和生产者在时间上和/或空间上的接触。消费者和生产者之间的直接接触要求服务的生产和销售在空间上具有同样的扩散性。因此，服务部门的规模经济涉及到非集中性或分散性。Melvin（1989a）称之为扩散经济（Economies of Dispersion），以区别传统的内部规模经济和外部规模经济。

现实中有许多例子充分说明服务部门的规模经济表现为分散性。银行业就是一个非常好的例子。因为不同地区的企业和个人的消费、开支和投资方式是不同的，分支机构的设立能使银行更好地做到资金的借贷平衡。因此，银行如果被允许开设分支机构，其效率就会大大提高。有关扩散经济的另一个例子是租车业。如果消费者允许在不同城市将所租的车归还出租者，租车业务将肯定会变得更有效率。麦当劳快餐服务业务如果只允许在一个很小的范围经营，其经济效益将大大减少。扩散经济产生的原因有：（1）广告费用的节约。现代广告媒介覆盖的区域越来越大，因此服务业务的扩散并不需要增加广告开支。（2）消费者忠诚的充分利用。服务消费者参与服务的生产过程使得消费者一旦认可了某个企业的服务，通常不愿更换新的生产者。这一点对于那些与旅行有关的服务特别重要。服务的扩散使得旅行者在许多地方都能消费到同一企业的服务。服务业跨国公司和国际授权业务的存在也充分说明了这一点。

现有的研究表明，在有规模经济条件下，得自贸易的利益分配取决于规模经济的类型。在外部规模经济条件下，贸易更有利于大国；反之，在内部规模经济条件下，贸易

130

更有利于小国。

6.2 基本模型

我们要使用的模型是上一章所建立的模型的一个变形。我们仍然假设只存在两种消费商品 X 和 Y 以及一种生产要素 L，但商品 Y 是直接使用生产要素 L 生产的，而商品 X 的生产是通过使用生产性服务来间接生产的。商品 X 的生产关于这些生产性服务具有不变的规模收益。但是，这些生产性服务是直接使用生产要素 L 生产的，并且具有递增的规模收益。因此，商品 X 的生产关于生产要素 L 也具有递增的规模收益。为分析方便，我们假设只存在两种生产性服务 S_1 和 S_2。我们还假设消费者只能从商品 X 和 Y 的消费得到效用，而且个人的效用函数是同位势的（Homothetic）。因此我们可以得到全社会的总效用函数。我们描述一个国家的模型由下列六个基本方程组成：[1]

$$U = U\ (X,\ Y) \tag{6.1}$$

$$Y = G\ (L_y) \tag{6.2}$$

$$X = F\ (S_1,\ S_2) \tag{6.3}$$

$$S_1 = S_1\ (L_1) \tag{6.4}$$

$$S_2 = S_2\ (L_2) \tag{6.5}$$

$$L = L_1 + L_2 + L_y \tag{6.6}$$

我们首先考察商品 X 的生产。假设生产性服务的生产需要一个明显的固定成本但具有较低的不变边际成本。生产性服务 S_1 和 S_2 的成本函数可以分别写成（6.7）式和（6.8）式。

---

[1] 将该模型（6.1）—（6.6）与第5章的模型（5.1）—（5.6）进行对比就可发现，前者相当于在后者中假设 Sy = 0 和 Lx = 0。而 Sx 是由两种服务 S1 和 S2 组成的。

$$C（S_1）= F_1 + aS_1 \qquad\qquad (6.7)$$

$$C（S_2）= F_2 + b2_s \qquad\qquad (6.8)$$

其中 F_1 和 F_2 分别表示生产 S_1 和 S_2 的固定成本，a，b >0。如果一定数量（M）的生产要素被用于商品 X 的生产，那么商品 X 的产量的决定可用图 6—1 来说明。表示使用数量为 M 的生产要素所能生产的服务 S_1 和 S_2 的各种组合，即生产商品 X 的等成本线。由于 S_1 和 S_2 的生产存在固定成本，在 S_1 和 S_2 轴上各有一段。与该等成本线相切的商品 X 等产量线 决定了服务 S_1 和 S_2 的产出水平，从而决定了商品 X 的产出水平为 。该产出也是生产要素投入为 M 时商品 X 的最大产量。

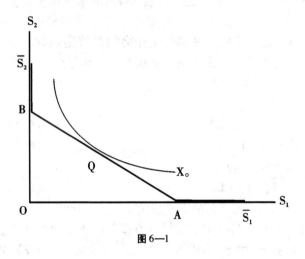

图 6—1

商品的生产可能性边界

由于商品 Y 和 X 的生产关于生产要素 L 分别具有不变的规模收益和递增的规模收益。因此，如果方程（6.1）至（6.8）描述的是本国的经济，那么本国的商品生产可能性边界（如图6—2所示）具有以下两个特征：（1）由于服务 S_1 和 S_2 的生产存在固定成本，因此不生产商品 X 时与这些固定成本相关的生产要素资源可以用来生产商品 Y。于是，商品生产可能性边界有一段在 Y 轴上。（2）规模经济的存在使得商品 X 的平均成本大于边际成本。商品 X 的边际成本用商品 Y 来衡量就是商品转换率。而商品 X 的均衡价格总是大于或等于其平均成本。因此，商品的均衡价格总是不等于商品转换率。换言之，在封闭条件下的商品生产均衡点处，全社会的无差异曲线将与商品生产可能性边界相交而不是相切。图6—2中的 Q 点表示商品 X 的均衡价格等于平均成本时本国的商品生产和消费均衡点。直线 T″Q 的斜率等于用商品 Y 表示的商品 X 的平均生产成本。当商品 X 的均衡价格大于平均成本时本国的商品生产和消费均衡点位于 Q′ 点。此时，商品 X 的价格线为 IQ′。商品 X 部门存在经济利润，用商品 Y 来表示等于 I – T″。

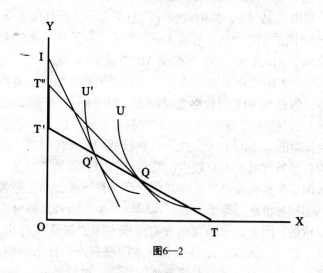

图6—2

6.3 生产性服务贸易

我们首先考察仅存在生产性服务贸易时贸易对商品生产和福利水平的影响，然后考察同时存在服务贸易与商品贸易时的情形。

服务贸易对商品 X 的产出影响

在只有本国和外国两个国家的世界里，我们假设它们在生产服务 S_1 和 S_2 以及商品 X 和 Y 上具有相同的生产技术。那么，图 6—3 可以同时表示封闭条件下本国和外国生产商品 X 的情形。如果国内外用于生产商品 X 的要素资源不同的话，等成本线 和等产量线 代表不同的水平。在只有生产性服务贸易的条件下，如果本国和外国各自只生产一种服务，假设本国生产 S_1 和外国生产 S_2，那么本国将出口 S_1 和进口 S_2。生产性服务贸易使本国和外国的商品 X 产出将分别由 变成 和 ，其中直线 q 的斜率表示生产性服务 S_1 和 S_2 之间的相对价格，可能大于、等于或小于封闭时 S_1 和 S_2 之间的相对价格（等于直线 AB 的斜率）。如果两者相等，那么本国和外国的商品 X 产出肯定增加。如果两者不相等，假设 S_1 的相对价格变得较低（如图 6—3 所示），那么贸易后其中一个国家（本国）的商品 X 的产出 就可能低于封闭时的 。因此，专业生产价格较低的生产性服务的国家得自服务贸易的利益较少，甚至是负的。如果本国是一个大国且贸易也没有导致专业化生产一种服务，那么服务之间的相对价格仍等于贸易前本国同时生产两种服务时的相对价格。因此，服务贸易没有改变本国的商品 X 产出。从这个意义上来说，服务贸易对本国没有产生什么影响。得自服务贸易的全部利益将被外国所得。也就是说，小国从生产性服务贸易中得到的好处较多。

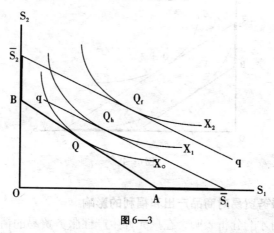

图6—3

服务贸易对商品 X 产出的影响还可能表现为另一种形式。假设在商品 X 的生产中，生产性服务之间的替代弹性比很大从而使商品 X 的等产量线与两个轴相交，如图6—4所示。在封闭条件下，本国将选择只生产一种服务并用该服务来生产商品 X。这样做可使商品 X 的产出比使用两种服务时达到一个更大的水平。如果商品 X 的某一条等产量线同时相交于 $\bar{S}_1$ 和 $\bar{S}_2$，那么不管本国选择哪种生产性服务所得到的商品 X 的最大产出是相同的。如果 $\bar{S}_1$ 和 $\bar{S}_2$ 不在同一条等产量线上，那么选择不同的生产性服务所得到的商品 X 产出是不一样的。假设 $\bar{S}_1$ 所在的等产量线位置较高，那么选择生产 $\bar{S}_1$ 将使本国得到较多的商品 X。假设本国选择生产 $\bar{S}_1$ 且所得到的商品 X 的产出为 。如果本国和外国开展生产性服务贸易，本国通过出口 S_1 和进口 S_2 可使本国的商品 X 的产出从 增加到 X_1。在这种情况下，得自服务贸易的利益产生于另一种生产性服务的可得性。换言之，得自服务贸易的利益不是来自于专业化生产服务。

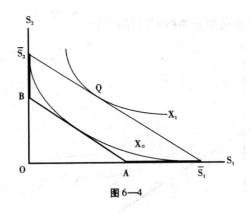

图6—4

服务贸易对商品产出和福利的影响

刚才的分析表明，在只允许生产性服务贸易的情况下，在保持商品 Y 的产出不变的前提下，服务贸易将导致商品 X 的产出增加。因此，服务贸易导致本国的商品生产可能性边界出现偏商品 X 的扩张。假设服务贸易导致本国专业生产一种生产性服务。那么，服务贸易对本国商品生产可能性边界的影响在图 6—5 表现为商品生产可能性边界由　向外移动到 。代表本国只生产一种服务的固定成本，而 代表本国不生产另一种服务所节约的固定成本。如果生产两种服务的固定成本不同，那么选择生产不同的服务将影响到 A 点的位置。Q 表示封闭条件下本国的商品产出和消费均衡点。此时，商品 X 的均衡价格等于平均成本。在商品 Y 的产出保持不变的前提下，服务贸易导致商品 X 的产出增加。于是，商品 X 的相对价格下降。由于假设效用函数是同位势的（Homothetic），因此在商品相对价格不变的情况下，消费点将位于射线 OQ 与新的商品生产可能性边界的交点 D。由于服务贸易导致商品 X 的相对价格下降，新的商品生产和消费点将位于 D 点右下方的 上。如果商品 X 的均衡价格仍等于平均成本，新的均衡点将为 C 点。此时，

136

商品的均衡价格线为 T″C。该线同时也代表本国的消费预算线。如果贸易后商品 X 的均衡价格大于平均成本但小于贸易前的均衡价格，新的均衡点将为 C 点和 D 点之间，如%点。此时，商品的均衡价格线为 IE。T″I 代表商品 X 部门的经济利润。由于贸易后的均衡价格线（预算线）比封闭时的高，因此，贸易后本国（消费点在 C 点或%点）所达到的福利水平总是高于在 Q 的，且服务贸易总是导致商品 X 的产出增加，但服务贸易既可以导致商品 Y 的产出增加也可以导致商品 Y 的产出减少。如果商品之间的消费替代弹性较低，则商品 Y 的产出增加；如果商品之间的消费替代弹性较高，则商品 Y 的产出减少。如果贸易后商品 X 的价格大于贸易前的价格，则商品 Y 的产出增加，但本国的福利可能下降。

如果封闭时商品 X 的均衡价格大于平均成本，我们仍可得到类似的结论：只要贸易后商品 X 的均衡价格不高于贸易前的均衡价格，那么服务贸易将使本国的福利以及商品 X 的产出增加。当贸易后商品 X 的均衡价格高于贸易前的均衡价格时，尽管服务贸易可能会导致本国的福利下降，但总是使商品 X 的产出减少和商品 Y 的产出增加。

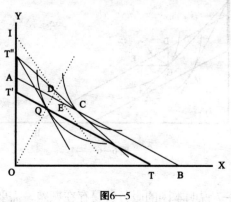

图6—5

服务贸易与商品贸易

现在考虑同时允许服务贸易和商品贸易时的情形。如果两个国家在要素禀赋、商品和服务生产技术以及消费偏好方面是完全相同的，那么开展服务贸易前后商品之间的相对价格在两个国家是相同的。因此，不会发生商品之间的国际交换。但是，服务的生产函数不同以及商品 X 的生产对两种服务的需求不同都可能导致服务贸易不平衡。在这种情况下，就需要通过商品贸易来补偿。换言之，即使两个国家完全相同，服务贸易也可以导致商品贸易的发生。

图 6—6 说明本国的服务贸易存在逆差，需要用商品出口来弥补的情形。服务贸易使本国的商品生产可能性边界移动到 T″AB。本国的商品生产将位于 Z 点，而本国的商品消费位于 C 点。向量 CZ 代表本国为弥补服务贸易逆差所出口的商品。如果 Z 点位于 D 点，本国只出口商品 Y；如果 Z 点位于％ 点，本国只出口商品 X；如果 Z 点位于 D 点和％ 点之间，本国同时出口两种商品。本国贸易后（在 C 点）的福利仍然大于贸易前（在 Q 点）的水平。

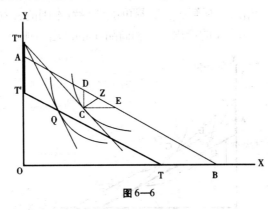

图 6—6

图 6—7 说明本国的服务贸易存在顺差，需要用商品进

口来保持国际收支平衡的情形。服务贸易使本国的商品生产可能性边界移动到 T″AB。本国的商品生产将位于 Z 点，而本国的商品消费位于 C 点。向量 ZC 代表本国为消除服务贸易顺差所进口的商品。如果 Z 点位于 D 点，本国只进口商品 X；如果 Z 点位于% 点，本国只进口商品 Y；如果 Z 点位于 D 点和% 点之间，本国同时进口两种商品。由于贸易后商品 X 的均衡价格小于贸易前的，本国贸易后（在 C 点）的福利将大于贸易前（在 Q 点）的水平。

以上分析假设商品 X 的均衡价格等于它的平均成本。对于商品 X 的均衡价格大于它的平均成本时的情形，我们可以作类似的分析和得到类似的结果。只要贸易后商品 X 的均衡价格小于贸易前的，本国贸易后的福利将大于贸易前的水平。

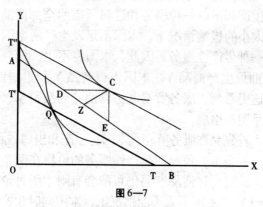

图 6—7

如果两个国家存在差异，那么同时允许服务贸易和商品贸易就可能导致服务与商品之间以及商品之间的国际交换。我们考察两个国家大小不同的影响。假设本国是一个相对较小的国家。由于商品 X 的生产存在规模经济，因此在封闭条件下，商品 X 的相对价格在外国较低。如果首先允许商品贸易，那么本国将出口商品 Y 和进口商品 X，而外国则相反。在这种情况下，如果再允许服务贸易，两国仍可从服务贸易中获得好处。此时存在三种可能的情况。（1）本国生产一种生产性服务和进口另一种生产性服务。外国作为一个大国可能仍将同时生产两种生产性服务。在这种情况下，服务贸易使服务的价格在两个国家相等。因此商品之间的相对价格在两个国家也相等，从而消除商品之间的国际交换。但是，仍然可能存在商品贸易。不过此时的商品贸易流向是单向的，是为弥补服务贸易的不平衡而进行的，表现为商品与服务之间的国际交换。这种情况刚才已作了讨论。（2）如果本国的规模小到刚好能生产满足两个国家所需的一种服务，本国将不生产任何商品，因此也不需进口另一种服务。本国所需要的商品全部靠进口。本国只生产和出口一种服务和进口所需的全部商品。（3）在本国太小的极端情况下，本国不足以生产两个国家所需的任何一种生产性服务。因此，本国将不生产任何服务和商品 X 而只生产商品 Y。本国出口商品 Y 和进口商品 X。我们在这里看到，服务贸易既可以消除商品贸易，也可以改变商品贸易格局。

如果首先允许服务贸易，本国将生产和出口一种服务，进口另一种服务。贸易使生产性服务的价格在两个国家是相等的。此时允许商品贸易仍可能会有刚才所讨论的三种结果：（1）在本国不太小的情况下，本国同时生产两种商品和一种服务，出口所生产的服务和进口另一种服务。如果服务贸易保持平衡，则不存在商品贸易。如果服务贸易出现不平衡，则需要商品贸易来弥补。商品贸易是单向的。（2）在本国更小的情况下，本国只生产一种服务并全部出口，进口所需的商品 X 和 Y。（3）在本国太小的极端情况下，本国的规模不足以生产任何服务和商品 X。此时，本国只生产商品 Y，出口商品 Y 和进口商品 X。我们在这里同样看到的是，商品贸易既可以不影响服务贸易，也可以消除服务贸易。而且商品贸易的格局将随着国家的规模大小而发生变化。

在以上分析和讨论中，我们假设只存在两种生产性服务。实际上，生产商品 X 所需的服务种类可以多于两种。生产性服务的种类越多，服务贸易使每个国家都专业生产其中几种服务的可能性越大。换言之，即使是大国也不必生产商品 X 所需的全部服务。它只需生产大多数种类的服务。而小国在生产商品的同时仍可以生产少数几种服务。

6.4 两种生产要素时的情形

当存在两种生产要素 L 和 K 时，我们描述一个国家的模型由下列七个基本方程组成：

$$U = U\ (X,\ Y)$$
$$Y = G\ (L_y,\ K_y)$$
$$X = F\ (S_1,\ S_2)$$
$$S_1 = S_1\ (L_1,\ K_1)$$
$$S_2 = S_2\ (L_2,\ K_2)$$
$$L = L_1 + L_2 + L_y$$
$$K = K_1 + K_2 + K_y$$

这样，商品的生产可能性边界（如图 6—8 中的 $T''T'QT$）具有以下三个特点：（1）由于服务 S_1 和 S_2 的生产存在固定成本，因此不生产商品 X 时与这些固定成本相关的生产要素资源可以用来生产商品 Y。于是，商品生产可能性边界仍有一段在 Y 轴上。（2）由于商品 X 的生产具有递增的规模收益，因此商品生产可能性边界在接近 Y 轴的附近是凸向原点的。（3）规模经济的存在使得商品 X 的平均成本大于边际成本。换言之，商品的均衡价格总是不等于商品转换率。因此在封闭条件下的商品生产均衡点 Q，全社会的无差异曲线将与商品生产可能性边界相交而不是相切。

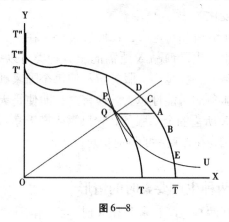

图6—8

　　由于在保持商品 Y 产出不变的前提下服务贸易使商品 X 的产出增加，因此服务贸易将导致商品生产可能性边界向右移动。这在图6—8 中表现为由 T″TQ T̄ 变为 T″T‴A T̄，其中 T′T‴表示本国不生产一种服务所节约的固定成本。因为效用函数是同位势的，因此在商品相对价格不变的情况下，本国的商品生产和消费将位于 OQ 射线与 T″T‴A T̄的交点 D。由于服务贸易使商品 X 的生产成本减少，从而使商品 X 的相对价格下降，因此服务贸易使新的商品生产和消费点位于 T″T‴A T̄上 D 点右下方部分。

　　如果贸易后的新均衡点位于 D 和 A 之间（如 C 点），那么两种商品的产出和消费同时增加。如果新均衡点位于 A 点，那么服务贸易仅使商品 X 的产出和消费增加，而商品 Y 的产出和消费保持不变。在这两种情况下，由于新的消费点位于旧的右方或右上方，因此本国的福利水平增加。

142

如果新均衡点位于 A 的右下方，那么服务贸易使商品 X 的产出和消费增加，而商品 Y 的产出和消费减少。在这种情况下，本国的福利水平有可能下降。假设通过 Q 点的无差异曲线在 A 的右下方与 T″T‴A T̄相交于% 点。那么当新的均衡点位于 A 和% 之间时（如 B 点），本国的福利水平仍然增加。当新的均衡点位于% 点时，本国的福利水平保持不变。如果新的均衡点位于% 的下方，本国的福利水平就将减少。

但是，由于商品 X 的均衡价格始终大于它的边界成本，而在% 点商品 X 的价格小于它的边际成本，因此，新的均衡点必将位于 D 点与% 点之间。于是，服务贸易将导致本国的福利增加。而且，服务贸易节约的资源成本越大，商品生产可能性边界外移就越多，因此本国的福利水平增加得也就越多。

如果本国是一个小国，那么服务贸易使本国生产服务的成本节约比较明显，从而商品 X 的成本下降得较多。因此，本国得自服务贸易的利益就很大。如果本国是一个大国，那么服务贸易使本国生产服务的成本节约不明显，本国福利增加很小。换言之，在只有服务贸易的情况下，如果贸易使具有规模经济的商品价格下降，那么小国得自贸易的利益较多，大国得自贸易的利益较少。

尽管服务贸易使两个国家的福利增加，但是效用函数的性质也影响到服务贸易的商品产出结构。假设本国具有 Liontiaf 型效用函数，即 $U(X, Y) = Max(X, aY)$，其中 $a > 0$，那么商品之间的替代弹性等于零。因此，无论服务贸易使商品 X 和 Y 之间的相对价格发生怎样的变化，商品的消费比例总是保持不变的。贸易后的新均衡点将位于图 6—8 中的 D 点。在这种情况下，服务贸易总是导致两种商品的产出增加。如果商品之间的替代弹性大于零，当服务贸易使商品 X 的相对价格下降较大时，就有可能导致商品 Y 的产出减少。例如，当本国具有替代弹性无穷大的效用函数时，无差异曲线是一条直线。因此商品 X 和 Y 之间的相对价格总是保持固定变的。此时，商品的生产和消费点位于无差异曲线和商品生产可能性边界的切点（或唯一交点），如图 6—9 所示。如果该直线的斜率的绝对值大于或等于商品生产可能性边界在 $\overline{T}$ 点的切线斜率的绝对值，那么在封闭和开展服务贸易时本国都只生产和消费商品 X。如果该直线的斜率的绝对值小于商品生产可能性边界在 $\overline{T}$ 点的切线斜率的绝对值，那么服务贸易将导致本国同时生产和消费两种商品。由于服务贸易导致商品生产可能性边界偏商品 X 扩张，新的均衡点 Q' 总是位于旧的均衡点 Q' 的右上方或右边。当这种偏商品 X 的扩张很大时，就可能使商品 Y 的产出下降。

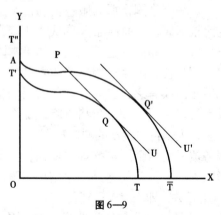

图 6—9

我们仍然可以分析同时允许服务贸易和商品贸易的情形进行分析，并且得到在一种生产要素条件下得到的结果。

6.5 直接投资与生产性服务贸易

许多生产性服务的国际贸易是与国际直接投资活动紧密联系在一起的，表现为某个跨国公司的内部贸易。

关于国际直接投资产生的原因，Dunning（1977，1981）作了充分的讨论。一个企业从事国际直接投资的必要条件包括所有权优势、区位优势和内部化优势。所有权优势涉及产品及其生产过程的某些技术优势或产权。区位优势涉及就地生产比出口所具有的某些优势。影响区位优势的因素包括关税、货物的运输成本以及获得当地分销网络服务或廉价生产要素的能力。而内部化优势涉及企业通过在外国建立附属分支机构比向外国企业发放许可证或出卖产销权更有利可图。

在20世纪60年代以前，商品之间的差异性还不重要，重要的是商品的价格。商品的生产成本及其运输成本是决定竞争力的主要因素。因此，决定国际直接投资的主要条件是区位优势。随着战后多边贸易谈判所达成的多次关税减让，进入70年代以后，全世界（尤其是发达国家）的关税总体水平已经下降到了一个较低的水平。国际竞争日益激烈使商品之间的差异性开始显得越来越重要。在这种情况下，所有权优势和内部化优势在国际直接投资活动中越来越发挥着重要的作用，而区位优势的作用已退居到一个相对次要的地位。这一趋势也已反映到有关国际直接投资的理论研究中。有的经济学家强调所有权优势的作用，如Casson（1986），而另一些强调内部化优势的作用，如Rugman（1985，1987）。

实际上，所有权优势和内部化优势有着非常密切的关系。所有权优势大多来源于企业所拥有的知识产权，如生产技术工艺和商标。这些知识密集型资产是商品生产的重要投入。它们在不同企业之间的转移可以表现为无形商品的买卖，但更多地表现为一个企业向另一个企业提供服务。由于它们具有公共产品的性质，它们在企业之间转移的实际成本通常非常低，甚至为零。因此，不管知识产权在企业之间的转移是采取买卖无形商品的形式还是采取提供服务的形式都很难确定其真正的价格。正因为这样，具有所有权优势的企业通常在其企业内部转移这样的资产，即采取由企业总部向所属的分支机构提供服务的形式。所有权优势最终表现为内部化优势。

一个企业在生产它所拥有的知识密集型资产过程中通常要承担巨大的固定成本。但是，如果该企业拥有多个附属子公司，就能够以很低的价格和服务的形式向它们提供。因此，如果国际直接投资使一个企业在外国的附属子公司获得母公司所提供的这些服务，该子公司就具有了明显的竞争优势。这是因为东道国企业通常都没有多个工厂因而必须独自承担生产这种知识密集型资产的所有固定成本，而外国直接投资企业（作为跨国公司的一个附属子公司）却能以非常低的价格或无偿从母公司那里以服务的形式获得这样的资产。外国直接投资企业的这种优势不是表现为能以较低价格在东道国就地销售其所生产的商品就是表现为能获得纯经济利润。

基本模型

从跨越边界的国际交易来看，母公司向其在外国的附属子公司提供服务是东道国的进口和直接投资国的出口。我们仍使用上一节的基本模型来分析和讨论国际直接投资所伴随的生产性服务贸易。方程（6.1）至（6.8）仍构成描述一个国家的基本模型。我们把它们重写如下：

$$U = U \ (X, \ Y) \tag{6.1}$$
$$Y = G \ (L_y) \tag{6.2}$$
$$X = F \ (S_1, \ S_2) \tag{6.3}$$
$$S_1 = S_1 \ (L_1) \tag{6.4}$$
$$S_2 = S_2 \ (L_2) \tag{6.5}$$
$$L = L_1 + L_2 + L_y \tag{6.6}$$
$$C \ (S_1) \ = F_1 + aS_1 \tag{6.7}$$
$$C \ (S_2) \ = F_2 + bS_2 \tag{6.8}$$

不过我们现在假设服务 S_1 是由一个企业总部生产并提供给其下属所有工厂（或分支机构）的，而 S_2 是必须由企业下属各工厂直接生产的。因此，生产 S_1 所伴随的固定成本 F_1 是企业特有的，而生产 S_2 所伴随的固定成本 F_2 是工厂特有的。换言之，该企业在任何地点从事商品 X 的直接生产都必须承担固定成本 F_2，但却可以不承担固定成本 F_1。

生产服务 S_1 的固定成本 F_1 是企业特有的这一特性使从事商品 X 多工厂企业比单个工厂的企业具有一种成本优势，因为对多工厂企业来说，该固定成本可由多个工厂共同承担。因此，如果本国生产商品 X 的企业是单工厂式的，那么一旦外国公司到本国来投资生产商品 X 时，它们将比本国生产商品 X 的企业具有较低的成本。

我们在上一节中已经讨论了封闭条件下本国的商品生产可能性边界，在图6—10 中表现为 T″T′QT。AT″和 T′A 分别表示本国生产服务 S_1 和 S_2 的固定成本。如果封闭时商品 X 部门不存在经济利润，那么均衡点位于 Q 点。T″Q 代表本国的商品均衡价格线。规模经济的存在使商品的均衡价格与商品的变换率（T′T 线）并不相等。规模经济的存在使商品 X 部门是垄断的。如果垄断企业不按平均成本定价，那么商品 X 部门将存在垄断利润。本国的商品生产与消费

147

点将位于 Q′。垄断利润用商品 Y 来衡量等于 I − T″。我们看到，垄断使商品 X 的产出减少以及本国的福利水平下降。

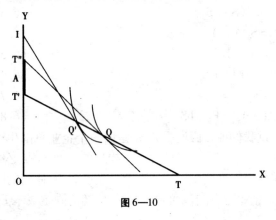

图 6—10

现在假设外国的商品 X 行业是一个垄断行业。因此，生产商品 X 所产生的企业特有固定成本已经存在。如果该外国企业到本国来建立工厂从事生产商品 X 的直接投资，它们在生产商品 X 时就可以不承担企业特有的固定成本。外国直接投资的这种成本优势将最终淘汰本国生产商品 X 的企业。本国的企业专业生产商品 Y。外国直接投资在两个方面对本国商品生产可能性边界产生影响：1）要素效应；和 2）成本节约效应。在图 6—11 中，直接投资所伴随的生产要素的流入使本国商品生产可能性边界由初始的 T″TQT 移动到 $\overline{T''}\overline{T'}$B（要素效应）；而直接投资所伴随的企业特有成本的节约又使本国的商品生产可能性边界从 $\overline{T''}\overline{T'}$B 移动到 $\overline{T''}$AC $\overline{B}$（成本节约效应）。其中 T′T″ = $\overline{T'}\overline{T''}$ 且 TA = $\overline{T'}\overline{A}$，AT″ = $\overline{A}\overline{T''}$。换言之，外国直接投资的存在使本国的商品生产可能性边界外移。由于商品 X 的生产存在规模经济，商品的生产可能性边界外移是偏商品 X 的。

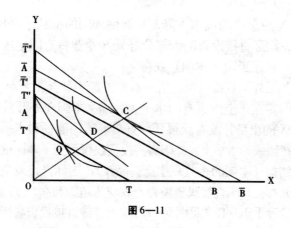

图6—11

直接投资的福利影响

　　由于本国需要支付外国直接投资生产商品 X 所获得的要素收益和经济利润，因此商品的价格水平变化将决定外国直接投资对本国以及外国的福利影响。

　　如果本国向外国生产商品 X 的所有竞争者开放国内市场，那么，迫于竞争对手的竞争压力，外国直接投资者可能不得不采取平均成本的定价原则。在这种情况下，外来直接投资使本国的商品生产点位于 C 点（见图6—11）。假设国内外具有相同的需求偏好且需求偏好是同位势的。那么，本国的商品消费点将位于射线 OC 之上。由于商品 X 的价格等于平均成本，外国直接投资没有获得经济利润。本国的商品消费点将位于 D 点。本国支付外国生产要素的收益所需的商品出口可用向量 CD 来表示。当然，商品向量 CD 中的一部分被外国投资者在东道国就地消费。本国的商品消费位于 D 点所代表的福利水平显然比封闭时消费位于 Q 点所代表的福利水平要高。应当注意的是，即使采取平均成本的定价原则，规模经济的存在使外国企业生产商品 X 的总平均成本下降，从而使外国的福利水平增加。但是，国际直接投资的大部分好处（企业特有固定成本的节约）被东道国（本国）获得。

如果外国直接投资者所具有的垄断力使其把商品 X 的价格固定在东道国原有的水平上，那么本国向外开放国内商品 X 的市场并没有获得任何好处。本国的福利水平也将保持在原来的水平上。外国直接投资仅仅改变了本国的商品生产结构（本国的企业只生产商品 Y）。国际直接投资的全部好处都被外国直接投资所得，表现为超额利润，用商品 Y 来衡量等于 $L-\overline{T''}$（见图 6—12）。而外国直接投资者所得到的要素收益相当于 $\overline{T''}-T''$ 的商品 Y。同样，向量 CQ 表示本国用于支付外国直接投资（要素收入和经济利润）的商品数量，其中一部分被外国直接投资者在东道国就地消费。

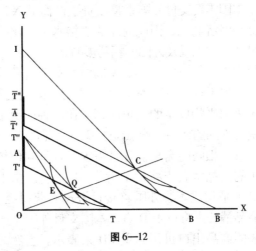

图 6—12

在现实当中，外国投资者通常是把它在全球生产和销售商品 X 纳入一个统一的规划当中，即把企业特有的固定成本分摊到所生产的全部商品上。换言之，外国直接投资使商品 X 在本国的价格大于其平均成本但小于东道国原有的水平。在这种情况下，本国的商品消费点将位于图 6—11 中 Q 点和 D 点之间。在消费偏好是同位势的条件下，本国的商品消费点还将位于射线 OQ 和 OD 之间。本国的福利水平将高于封闭时的水平但小于平均定价时的福利水平。外国直接投资仍将获得超额利润。因此，外国直接投资使本国和外国的福利水平同时增加。

但是在短期内，东道国政府或外国投资者（通常为大的跨国公司）所采取的政策可以使商品 X 的价格高于东道国原有的水平或低于它的平均成本。如果商品 X 的价格高于东道国原有的水平，那么本国的商品消费点将位于 Q 点的右下方（如 % 点），本国的福利水平将低于原来的水平（见图 6—12）。反之，如果商品 X 的价格低于它的平均成本，外国直接投资将出现亏损。这两种情况之一如果长期存在，将最终消除外国直接投资。

6.6 小结

本章首先讨论了规模经济在服务部门的重要性及其特殊的表现形式。尽管服务部门也存在内部和外部规模经济，但由于服务要求生产者和消费者在时间上和/或空间上进行接触，规模经济在服务部门通常表现为生产的扩散性。而在货物部门，规模经济表现为生产的集中。

本章重点考虑的是具有规模经济的生产性服务贸易对一个国家的影响。我们假设一种商品是使用这样的生产性服务间接生产的，而另一种商品是直接使用生产要素生产的。而且服务的生产存在不变的固定成本。服务贸易可以使一个国家专业生产部分服务、从而节约这样的固定成本。通过建立一个基本模型，我们的分析结果表明，只要贸易后使用服务生产的商品价格在一个国家变得较低，服务贸易就能增加该国的福利水平。

如果两个国家具有相同的生产技术、要素禀赋和需求偏好，那么不会发生商品之间的国际交换，但服务贸易可能导致商品贸易。不过此时的商品贸易流向是单向的，目的在于弥补服务贸易的不平衡。如果两个国家具有不同的规模，那么同时允许商品贸易和服务贸易既可能发生商品之间的国际交换，也可能发生服务与商品之间的国际交换。我们的分析表明，服务贸易既可以消除商品贸易，也可以增加商品贸易，还可以逆转商品贸易。反过来也一样，货物贸易可以消除和改变服务贸易。

在国际直接投资活动中，许多生产性服务的国际贸易是以企业内部交易的形式出现的。一些服务可由企业总部生产，然后提供给所属的所有生产网点。这些服务通常具有公共产品的特征。规模经济的存在使一个企业能以非常低的价格向其所属工厂提供这样的生产性服务。这使一个拥有多个工厂的企业比单个工厂的企业具有明显的成本优势。企业内部服务交易产生的这种优势可以导致一个国家的企业到另一个国家建厂从事生产商品的直接投资活动。借助于同样的基本模型，我们的分析显示，直接投资所伴随的服务贸易与纯粹的服务贸易具有相同的福利效应：只要外国直接投资进入后使用服务生产的商品价格在东道国变得较低，国际直接投资就能增加东道国的福利水平。而且，只要该商品的价格大于它的平均成本，国际直接投资也使投资国的福利增加。

由于规模经济会导致垄断，因此，一个政府只要采取措施保证贸易后使用服务生产的商品价格不大于贸易前的价格，就能使具有规模经济的生产性服务贸易增加该国的福利水平。

第7章 生产要素服务贸易

7.1 引言

在很长一段时间里，国际贸易中的绝大多数国际交换是货物贸易。二战以后，随着国际间接投资和直接投资的不断扩大，要素服务之间以及商品与要素服务之间的交换在国际贸易中的比重越来越大。但是，现有贸易理论所考虑的仍主要是商品之间的国际交换模式，对要素服务之间以及商品与要素服务之间的国际交换模式考虑的较少。本章将重点对含有要素服务贸易的国际交换贸易模式进行分析，并将它与标准商品交换贸易模式进行比较和对比。

生产要素包括劳动和资本。分析国际要素服务贸易涉及到两个非常重要的基本问题。首先，当要素服务贸易涉及人的国际流动时，我们应该把他们的福利看成是出口国福利的一部分还是进口国福利的组成部分？当国际要素服务涉及要素的国际流动时，要素的流动可以是独立的，也可以是劳动和资本的某种组合。如果要素服务贸易只涉及国际资本流动，那么资本要素服务的收益将被汇回出口国分配给股东们。此时，要素服务贸易的福利影响是明确的。但是，如果要素服务贸易涉及到人员的国际流动，这些人通常要在服务进口国停留和生活一段时间。因此，他们必须把提供要素服务所获得的一部分或全部收益拿出来在东道国进行消费。于是，我们面临把他们看成是服务进口国的国民还是出口国的国民的问题。如果他们停留的时间较短，显然应该把他们看成是来源国的国民；如果他们停留的时间较长，则显然应该把他们看成是东道国的国民。在下面的分析中，我们将看到，不同的看法会对服务贸易的福利效应产生不同的影响。

分析国际要素服务贸易涉及的第二个的基本问题是，如果看待直接投资所伴随的要素服务贸易。传统的观点认为，直接投资是投资国向东道国出口生产要素服务（包括劳务和融资服务）。但是，直接投资实际上是投资国企业把其一部分生产能力移动到东道国。国际经济一体化进程所导致的激烈国际竞争使商标和品牌的作用越来越大。因此，如果一个国家只具有生产能力和一定的成本优势，它所生产出来的产品很难在国内和国际市场销售出去。这也是为什么东道国的政府和国民仍不把国内的外国企业看成是本国的。我国目前正在进行的关于如何保护和发展民族工业的讨论也反映了这样的看法。因此，投资者在东道国使用当地的劳务和资本时可以看成是东道国的要素服务出口和投资国的要素服务进口。外国投资者或服务提供者在东道国所消费的商品可以看成是东道国的出口和投资国的进口，而他们在东道国生产和销售的商品可以看成是投资国的出口和东道国的进口。

7.2 要素服务贸易与国际贸易

为了把比较优势在有要素服务贸易时的国际交换贸易模式下的表现形式与商品交换贸易模式下的表现形式进行比较和对比，我们将使用一下标准的 Heckscher—Ohlin 模型，即所谓的 $2 \times 2 \times 2$ 模型。考虑一个只有两个国家（本国和外国）、两种商品（X 和 Y）和两种生产要素（劳动 L

和资本 K）的世界。我们的基本假设如下：

（1）两种商品的生产具有不变的规模收益且它们的生产函数都是 L 和 K 的一次齐次函数；

（2）L 和 K 的供给是固定的，而且是充分就业的；

（3）存在完全竞争；

（4）本国具有较丰富的 L 要素，外国具有较丰富的 K 要素；

（5）商品 X 是劳动密集型的，而商品 Y 是资本密集型的；

（6）两国具有相同的需求偏好；

（7）不存在国际交易成本。

在这些假设之下，贸易前要素 L 相对于要素 K 的价格在本国较低，在外国较高，因此商品 X 相对于商品 Y 的价格在本国相对较低，在外国相对较高。由于两国具有相同的需求偏好，贸易使两国消费商品中所体现的要素比例相同。贸易使要素之间的相对价格在两个国家也相等。

我们可以用一个世界要素盒形图来说明，如图 7—1 所示。E 点表示贸易前生产要素禀赋的国际分布：本国拥有的要素 L 和要素 K 分别为 OL 和 OK，外国分别为 O＊L＊和 O＊K＊。向量 OX 和 OY 的斜率分别代表商品 X 和 Y 的要素比例。C 点表示贸易后隐含在所消费商品中的生产要素的国际分布。由于假设本国和外国具有相同的需求偏好，贸易后隐含在两国消费商品中的要素分布点必然位于对角线 OO＊上。C 点离 O 点越近，本国所达到的福利水平越低；C 点离 O 点越远，本国所达到的福利水平越高。C 点离 O＊点越远，而外国所达到的福利水平越高。因此我们可以用距离 OC 和 O＊C 来分别表示国际贸易使本国和外国所达到的福利水平。而按劳动要素计算的世界人均福利水平可用 OO＊／（OL＋O＊L＊）表示，等于 $\sqrt{1+K^2}$，k＝

tgθ，θ 是由 OO＊和 OL 所确定的角度。因此，本国的人均福利水平（等于 OC/OL）小于世界的人均福利水平，而外国本国的人均福利水平（等于 O＊C/O＊L＊）大于世界的人均福利水平。

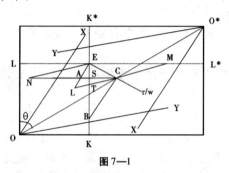

图 7—1

说明：1）OL 和 OK 代表贸易前本国拥有的要素 L 和 K 的禀赋，O＊L＊和 O＊K＊代表贸易前外国拥有的要素 L 和 K 的禀赋；

2）向量 OX 和 OY 的斜率分别代表商品 X 和 Y 的要素比例，OX 和 OY 分别平行于 O＊X 和 O＊Y；

3）LE 平行于 OX，NE、CM 和 LC 平行于 OY。

传统的贸易理论分析只考虑商品之间的国际交换。实际上，要素服务也是特殊的商品。国际交换也可以是要素服务之间的交换和商品与要素服务之间的交换。按要素 L 密集度从大到小进行排列，商品和要素服务依次为 L、X、Y 和 K。国际交换可以是这四种商品中的任何两个。商品贸易、要素服务贸易或两者的组合都可以使两国的消费点从％点移动到 C 点。如果在 L、K、X 和 Y 中只有两个是可贸易的，那么国际贸易格局是十分确定的。

传统的贸易理论假设商品 X 和 Y 是可贸易的，而要素 L 和 K 是不可流动的。根据比较优势原则，本国应该出口商品 X 和进口商品 Y，外国则相反。因此，从商品贸易所体现的要素含量来看，本国是要素 L 的净出口国和要素 K

的净进口国，而外国是要素 K 的净出口国和要素 L 的净进口国。体现在本国出口商品 X 中的要素含量可用向量 LE 来表示（较多的 L 和较少的 K），而体现在本国进口商品 Y 中的要素含量可用向量 LC 来表示（较少的 L 和较多的 K）。向量 EC 代表体现在商品贸易中的净要素流量。本国是要素 L 的净出口国和要素 K 的净进口国，要素 L 净出口量和要素 K 的净进口量分别为 ES 和 SC。

如果商品是不可贸易的而要素是可贸易的，那么国际贸易所进行的是要素与要素之间的交换。本国将直接出口 ES 的劳务和进口 SC 的资本要素服务。因此，在商品和要素均可贸易的条件下，要素流动与商品贸易之间是完全相互可替代的：即商品贸易和要素服务贸易的福利效应是相同的。这是 Mundell（1957）得到的结论之一。

现在考虑商品与要素服务之间的国际交换。假设只有一种商品和一种要素是可贸易的，而另一种商品和另一种要素是不可贸易的。此时存在两种组合。

第一种组合是：不可贸易的商品密集使用的要素是流动的，而可贸易的商品密集使用的要素是不流动的。假设商品 X 和要素 K 是不可贸易的，而商品 Y 和要素 L 是可贸易的。此时国际交换只能在商品 Y 和要素 L 之间进行。显然本国的比较优势在 L，外国的比较优势在 Y。因此，本国应该出口要素 L 和进口商品 Y。为了使贸易后的消费点位于均衡点 C，本国应该出口 ET 的劳务和进口要素含量为向量 TC 的商品 Y。资本密集型商品 Y 的贸易流向是从要素 K 相对丰富的国家流向相对贫乏的国家。同理，如果假设商品 X 和要素 K 是可贸易的而商品 Y 和要素 L 是不可贸易的，那么本国应该出口要素含量为向量 EA 的商品 X 和进口 AC 的要素 K。劳动密集型商品 X 的贸易流向也是从要素 L 相对丰富的国家流向相对贫乏的国家。因此在这种情况下，可贸易商品的贸易格局仍然符合传统的比较优势原理。

　　第二种组合是：不可贸易的商品密集使用的要素是不流动的，而可贸易的商品密集使用的要素是流动的。假设商品 X 和要素 L 是不可贸易的，而商品 Y 和要素 K 是可贸易的。此时国际交换只能在 Y 和 K 之间进行。本国的比较优势在 Y，外国的比较优势在 K。因此本国应该出口商品 Y 和进口要素 K，而外国则相反。为了使贸易后的消费点位于均衡点 C，本国应该出口要素含量为 NE 的商品 Y，并进口 NC 的要素 K。此时，商品 Y 的贸易流向是从要素 K 相对贫乏的国家流向相对丰富的国家。同理，如果商品 X 和要素 L 是可贸易的，而商品 Y 和要素 K 是不可贸易的，那么本国应该出口 EB 的要素 L 和进口要素含量为向量 BC 的商品 X。商品 X 的贸易流向是从要素 L 相对贫乏的国家流向相对丰富的国家。因此在这种情况下，仅看商品贸易格局是不符合传统的比较优势原理。但是，这样的国际贸易格局并不违反比较优势原则。原因在于，传统比较优势假设是商品之间的交换，而此时的国际交换是商品与要素。从商品与要素之间的交换来看，贸易格局仍然符合比较优势原理。

　　商品与要素交换贸易模式的第二种组合可以有力地解释"Leontief 之谜"：即资本丰富的国家可能出口劳动密集型商品和进口资本密集型商品。它同时还说明劳动丰富国家也可能出口资本密集型商品和进口劳动密集型商品。但如果把要素服务贸易也考虑进去的话，资本丰富的国家必然是资本要素服务的净出口国，而劳动力丰富国家必然是劳务的净出口国。事实上，二战结束后资本从美国大量流入西欧，美国的对外贸易实际上是用资本和资本密集型商品与其他国家交换资本密集型商品和劳动密集型商品。如果把资本也看成一种商品，那么美国出口的肯定是资本密集型商品。如果只考虑商品贸易且美国进口劳动密集型商品的比重较小，美国出口商品的平均资本密集度就可能低于进口商品的平均资本密集度。正如 Leontief 所发现的那样。

发达国家拥有相对丰富的资本要素，而且大量的资本正在以直接投资或间接投资的形式流向发展中国家。与发达国家相比，发展中国家具有相对丰富的劳动生产要素，但劳动要素服务相对于资本要素服务的国际流动性是很低的。如果总体上不可贸易商品是密集使用劳动生产要素的，那么为了实现贸易平衡，就可能出现发展中国家出口资本密集型商品和进口资本要素服务的贸易格局。根据商品与要素的比较优势原理，这种贸易格局对发达国家和发展中国家仍然是有益的。

上述有关商品与要素之间贸易的分析还说明这样一个事实：如果贸易保持平衡，那么要素服务出口国家就必然会出现商品贸易逆差，而要素服务进口国必然会有商品贸易顺差。因此，美国具有大量的贸易逆差很可能是其资本大量流出的结果。

不同的国际交换模式下的贸易量用要素来衡量是不同的。要素之间直接交换的贸易量最小，在图 6—1 中表现为三角形 ESC。其次是密集使用不可贸易要素的可贸易商品与不可贸易商品密集使用的可贸易要素之间的交换，在商品 Y 和要素 K 为可贸易商品和要素时的贸易量表现为三角形 ETC。接下来是商品之间的交换。其贸易量三角形 ELC。贸易量最大的是可贸易商品与其密集使用的可贸易要素之间的交换，在商品 Y 和要素 K 为可贸易商品和要素时的贸易量为三角形 ENC 或 EMC。

有两点应该注意。首先，在商品与要素交换的第二种贸易模式下，如果可贸易商品所使用的可贸易要素密集度太大或商品出口国的非贸易要素禀赋太多，为了使贸易后

的消费点位于 C 点，出口商品中的该密集要素含量可能会
大于出口国原有的要素禀赋。换言之，要素进口国进口的
要素可以大于其国内原有的要素禀赋。在商品 Y 和要素 K
为可贸易商品和要素条件下，这种情况在图 7—1 中表现为
点 N 位于 OL 的左边。此时，贸易量也可用三角形 EMC 来
表示。不管贸易量多大，点 M 总是位于 OX 和 OY 之间。
因此，要素进口国（本国）始终能同时生产两种商品，并
能实现两种要素的充分就业。其次，从要素出口国的角度
来看，要素的出口不能大于它原有的禀赋，而且不能出口
的太多使非贸易要素出现失业。在图 7—1 中表现为点 M 只
能位于 O*X 和 O*Y 之间或 O*X 之上。前者代表能同时
生产两种商品，后者代表只能生产一种商品。因此，在商
品与要素交换模式下，如果要素出口国的规模太小，国际
贸易不能使世界经济达到最有效状态。而在商品交换贸易
模式和要素交换的贸易模式下，自由贸易总是能使世界经
济达到一个最有效状态。

上述分析也可以用图 7—2 来说明。TQT′ 表示本国的商
品生产可能性边界。如果只有商品 X 和 Y 是可贸易的，那
么本国的商品生产位于 Q 点。本国出口 QA 的商品 X 和进
口 AC 的商品 Y。本国的消费位于 C 点。

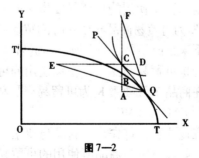

图 7—2

由于国内外具有相同的消费偏好，因此，只要商品和要素当中有两个是可贸易的，国际贸易都将使本国的消费位于 C 点。如果只有要素 L 和 K 是可贸易的，那么本国出口劳动要素服务 L 和进口资本要素服务 K 可使本国的商品生产从 Q 点沿 Rybczynski 线 QP 直接移动到 C 点。如果只有要素 L 和商品 Y 是可贸易的，本国出口劳动要素服务 L 可使本国的商品生产从 Q 点沿 Rybczynski 线 QE 移动到 B 点，而进口商品 Y 最终又使本国的消费位于 C 点。如果只有要素 L 和商品 X 是可贸易的，本国出口劳动要素服务 L 可使本国的商品生产从 Q 点沿 Rybczynski 线 QE 移动到%点，而进口商品 X 最终又使本国的消费位于 C 点。如果只有要素 K 和商品 X 是可贸易的，本国进口资本要素服务 K 可使本国的商品生产从 Q 点沿 Rybczynski 线 QF 移动到 D 点，而出口商品 X 最终又使本国的消费位于 C 点。如果只有要素 K 和商品 Y 是可贸易的，本国进口资本要素服务 K 可使本国的商品生产从 Q 点沿 Rybczynski 线 QF 移动到 F 点，而出口商品 Y 最终又使本国的消费位于 C 点。

从图 7—2 中可以发现，在要素 L 和商品 X 可贸易时，为了使本国的消费位于 C 点，可能要求 E 点的位置位于区域 OTT′之外。在这种情况下，国际贸易无法使本国的消费移动到 C 点。这种情况对应于图 7—1 中 B 点位于 OK 左边或 M 点位于 O＊L＊右方的情形。

7.3 要素服务贸易与服务提供者的国际流动

以上分析适用于要素服务提供者将所有要素收益都汇回出口国进行消费的情形。当要素服务贸易伴随着要素所有者进行国际移动并将部分或全部要素收益在东道国就地消费时，把他们看成是东道国的居民或原始国的居民将对国际贸易格局和两国的福利产生不同的影响。

把国际流动人员的福利看成是东道国的福利时的情形

如果按居住地来划分要素所有者的归属，那么实际上是把人员的国际流动看成是有移民倾向的。因此移民在东道国所提供的要素服务将不再看成是国际要素服务。移民对东道国的福利影响取决于移民能为东道国所提供的资本要素服务和劳务比例是否大于东道国原有的资本要素服务和劳务比例。

不带任何资本的纯粹国际移民对两个国家的影响用图7—3来说明。当移民是从本国流向外国时，不带任何资本的移民使国际要素禀赋分布从 E 点向下移动到 E′点。于是，国际贸易会使国际消费分布位于 C′点。由于 OC′小于 OC 和 O∗C′大于 O∗C，因此，本国的福利减少，而外国的福利增加。但是，本国的人均福利水平却增加了（由OC/OL 变为 OC′/OL′），而外国的人均福利水平却减少了。当移民是从外国流向本国时，不带任何资本的移民使国际要素禀赋分布从 E 点向上移动到 E″点。于是，国际贸易会使国际消费分布位于 C″点。由于 OC″大于 OC 和 O∗C″小于O∗C，因此，本国的福利增加，而外国的福利减少。但就人均福利而言，本国的福利减少，而外国的福利增加。

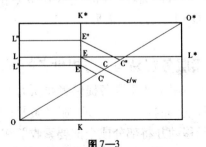

图7—3

纯粹的国际资本移民（即移民只提供资本服务但不提供劳务）对两个国家的影响可用图 7—4 来说明。当这样的资本移民是从本国流向外国时，国际要素禀赋分布从 E 点向左移动到 E 点。于是，国际贸易会使国际消费分布位于 C_1 点。由于 OC_1 小于 OC 和 $O*C_1$ 大于 $O*C$，因此，本国的福利减少，而外国的福利增加。由于劳动要素禀赋分布没有变化，本国的人均福利也增加，而外国的人均福利也减少。当这样的移民是从外国流向本国时，国际要素禀赋分布从 E 点向右移动到 E_2 点。于是，国际贸易会使国际消费分布位于 C_2 点。由于 $OC2$ 大于 OC 和 $O*C2$ 小于 $O*C$，因此，本国的福利增加，而外国的福利减少。国内外的人均福利水平也呈相同的变化。

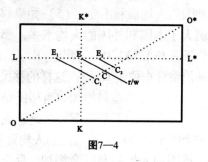

图7—4

国际移民在东道国能同时提供资本服务和劳务对两个国家的影响可用图 7—5 来说明。当这样的移民是从本国流向外国时，国际要素禀赋分布从 E 点向左下方移动点。于是，国际贸易总是使国际消费分布位于 C 点和 O 点之间。因此，移民总是导致本国的福利减少和外国的福利增加。但是从人均福利的标准来衡量，移民对两国的福利影响取决于移民所拥有的资本/劳动要素比例与两国原有的资本/劳动要素禀赋的关系。因此有五种可能。（1）如果移民所拥有的资本要素比例小于本国的人均水平，那么新的国际要素禀赋将移动到三角形 OEK 中，假设为 E_1 点。于是，国际贸易会使国际消费分布位于 C_1 点。这样的移民使本国的人均福利增加和外国的人均福利减少。（2）如果移民所拥有的资本要素比例等于本国的人均水平，那么新的国际要素禀赋将沿 EO 移动。这样的移民使本国的人均福利不变和外国的人均福利减少。（3）如果移民所拥有的资本要素比例大于本国的人均水平但小于外国的人均水平，那么新的国际要素禀赋将位于三角形 OEL′ 中，假设为 E_2 点。于是，国际贸易会使国际消费分布位于 C_2 点。这样的移民使本国和外国的人均福利同时减少。（4）如果移民所拥有的资本要素比例大于本国的但等于外国的人均水平，那么新的国际要素禀赋将沿 EL′ 移动。这样的移民使本国的人均福利减少和外国的人均福利不变。（5）如果移民所拥有的资本要素比例大于本国和外国的人均水平，那么新的国际要素禀赋将位于三角形 LEL′ 中，假设为 E_3 点。于是，国际贸易会使国际消费分布位于 C_3 点。这样的移民使本国的人均福利减少和外国的人均福利增加。当移民是从外国流向本国时，也会产生类似的五种情况。总之，无论移民是移入还是移出一个国家，当移民使该国的人均资本/劳动要素比例增加时，该国的人均福利就会增加。反之，当移民使该国的人均资本/劳动要素比例减少时，该国的人均福利就会减少。

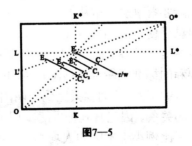

图7—5

把国际流动人员的福利看成是输出国的福利时的情形

如果把移民的福利看成是原国籍国家的一部分，那么当他们把提供要素服务的部分收益在东道国就地消费时，他们所消费的商品实际上是东道国的出口。这样的国际交易表现为商品和要素服务之间的交换而且是在东道国的国内发生的。而他们未消费的收入需要东道国出口可贸易商品和/或要素服务来支付。这样的贸易方式同样使国际消费分布点位于图 7—1 中的 C 点。假设本国的国民移动到外国去提供要素服务并将所有收益就地消费。如果这些移民只能提供劳务，那么两国的贸易格局及其福利影响可用图 7—6 来说明。EN 表示本国国民移动到外国提供的劳务，向量 NM 和 MC 分别表示他们外国就地所消费商品 Y 和 X 中的要素含量。EN 是本国的劳务出口，NM 和 MC 是体现在本国进口商品中的要素含量。

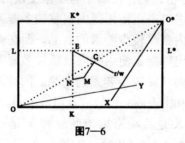

图7—6

当移民将部分收益在外国就地消费和部分收益汇回外国消费时，我们可用图 6—7 来说明。EN 仍表示本国公民移动到外国提供的要素服务，NM 和 MD 分别表示他们外国就地所消费商品 Y 和 X 中的要素含量。那么外国劳动者汇回的收益需要本国出口 DF 的商品 Y 和 FC 的商品 X 来支付。这样的国际贸易方式仍然表现为要素服务与商品之间的交换。

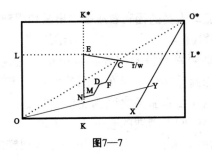

图7—7

我们可以对本国公民到外国提供资本要素服务和/或两种要素服务时的情形以及外国公民到本国提供要素服务时的情形进行类似的分析。

7.4 要素服务贸易与关税政策

7.2 节的分析说明，在商品与要素交换的贸易模式下，一个国家可能进口密集使用国内禀赋较多要素的商品或出口密集使用国内禀赋较少要素的商品。而在商品贸易模式下，一个国家出口密集使用国内禀赋较多要素的商品和进口密集使用国内禀赋较少要素的商品。因此，不同贸易模式下关税效应和国内商品税效应就可能不同。

由于假设 X 是劳动密集型商品和 Y 是资本密集型商品，因此，根据 Jones（1965）的放大效应模型，商品价格与要素服务的价格的变化呈以下关系：

$$\widehat{W} < \widehat{P}_x < \widehat{P}_y < \hat{r} \qquad (7.1)$$

$$或 \ \widehat{W} < \widehat{P}_x < \widehat{P}_y < \hat{r} \qquad (7.2)$$

其中 $\widehat{W}$，$\hat{r}$，表示要素 L 和 K 的价格变化率，$\widehat{P}_x$，$\widehat{P}_y$ 表示商品 X 和 Y 的价格变化率。

在商品交换贸易模式下，本国对出口商品 X 或进口商品 Y 征收关税，将导致商品 X 的价格下降是商品 Y 的价格

上升，从而导致要素 L 的价格下降和要素 K 的价格上升，
即

$$\widehat{W} < \hat{P}_x < \hat{P}_y < \hat{r}。$$

换言之，限制商品贸易的关税政策不利于国内禀赋较多的
要素（也是出口商品密集使用的要素和进口商品非密集使
用的要素），而是有利于国内禀赋较少的要素（也是进口商
品密集使用的要素和出口商品非密集使用的要素）；限制贸
易导致出口商品价格下降和进口替代商品价格上升。这是
我们所熟知的结论。

　　在第一种商品与要素交换贸易模式下，我们首先假定，
在这种商品与要素交换贸易模式下，商品 X 是不可贸易的，
但它密集使用的要素 L 是可贸易的，而商品 Y 是可贸易的，
但它密集使用的要素 K 是不可贸易的。本国出口要素 L 和
进口商品 Y。本国对进口商品 Y 征收关税会提高商品 Y 的
国内价格和减少进口。进口贸易的减少最终导致要素 L 的
服务出口减少和价格的下降。对要素服务出口征税也有同
样的结果。商品和服务的相对价格变化均满足：

$$\widehat{W} < \hat{P}_x < \hat{P}_y < \hat{r}。$$

　　同理，如果假定商品 X 是可贸易的但它密集使用的要
素 L 是不可贸易的，而商品 Y 是不可贸易的但它密集使用
的要素 K 是不可贸易的，本国对出口商品征收关税仍然可
以得到同样的不等式（7.1）。因此，在第一种商品与要素
交换贸易模式下，限制商品贸易和要素服务贸易的政策总
是导致贸易减少，出口商品价格下降或进口商品价格上升。
所引起的收入再分配总是不利于国内禀赋相对丰富的要素
（也是出口商品密集使用的要素或进口商品非密集使用的要
素），有利于国内禀赋相对贫乏的要素（也是出口商品非密
集使用的要素或进口商品密集使用的要素）。这与商品交换

贸易模式下得到的结论是完全一样的。

在第二种商品与要素交换贸易模式下，我们首先假定商品 X 及其密集使用的要素 L 是不可贸易的，而商品 Y 及其密集使用的要素 K 是可贸易的。本国出口密集使用要素 K 的商品 Y 和进口要素服务 K。本国对出口商品 Y 征收关税将导致贸易减少和商品 Y 的价格下降，但出口贸易的减少使要素服务 K 的进口也减少，从而使要素 K 的价格上升。这将导致下列相对价格变化：

$$\hat{W} < \hat{P}_x < \hat{P}_y < 0 < \hat{r} \qquad (7.3)。$$

本国对要素服务 K 的进口征税使要素服务 K 的进口减少和价格上升。前者使商品 Y 的出口减少和价格下降，后者使商品 Y 的价格上升。商品和要素服务的相对价格变化满足：

$$\hat{W} < \hat{P}_x < \hat{P}_y < \hat{r} \qquad (7.4)。$$

该式与（6.3）的含义本质上是一样的：即商品 X 相对于商品 Y 的价格下降和要素 L 相对于要素 K 的价格下降。

同理，如果假定商品 X 及其密集使用的要素 L 是可贸易的，而商品 Y 及其密集使用的要素 K 是不可贸易的，那么对进口商品 X 征收关税导致贸易减少和商品 X 的价格下降。我们仍然可以得到同样的不等式（7.3）或（7.4）。因此，在第二种商品与要素交换贸易模式下，对商品和要素服务贸易征税，在减少贸易的同时总是不利于国内禀赋相对丰富的要素，有利于国内禀赋相对贫乏的要素。这与商品交易贸易模式下的结论相同。

因此，在不同贸易模式下限制贸易的政策对商品的相对价格和要素的相对价格变化影响是一致的：本国禀赋丰富的要素和密集使用该要素的商品的价格下降，而本国禀赋希缺的要素和密集使用该要素的商品的价格上升。但是，不同贸易模式下的进口部门和出口部门是不相同的。因此，从进出口部门的角度来看，贸易政策对进出口商品和要素的价格影响则相反。在第二种商品与要素交换贸易模式下，限制贸易政策使出口商品的价格和进口替代商品的价格下降，从而使出口商品密集使用的要素价格相对上升和非密集使用的要素价格相对下降，使进口商品密集使用的要素价格相对下降和非密集使用的要素价格相对上升。对进出口商品采取非关税贸易政策也能得到同样的结论。

上述分析同时也表明，传统贸易理论有关贸易壁垒对价格影响的结论经过修改仍然成立：贸易壁垒总是使收入分配有利于本国禀赋稀缺要素和密集使用禀赋稀缺要素的商品部门，而自由贸易政策总是有利于本国禀赋丰富要素和密集使用禀赋丰富要素的商品部门。

7.5 要素服务贸易与国内商品税收政策

贸易政策是通过影响贸易来影响国内的经济活动和变量，而国内经济政策是通过影响国内的经济活动和变量来影响贸易。两者之间具有一定的相互替代性。上一节的分析表明，关税贸易政策在商品与要素进行交换条件下的效应本质上完全类似于商品与商品进行交换时的效应，但两者的表现形式却可能完全不同。国内对商品的生产和消费征税也会遇到同样的情况。

商品交换贸易模式下的情况

在这种模式下，要素是不流动的，仅存在非要素商品的交换。本国出口密集使用要素 L 的商品 X，并进口密集使用要素 K 的商品 Y。

本国对商品 X 征收消费税将导致商品 X 的国内价格上升，使消费从商品 X 转向商品 Y。因此，商品 X 的出口将增加，从而进口也增加。对商品 X 的生产者来说，在国内销售的收益最终将等于出口的收益。贸易的增加可能会导致商品 Y 的进口价格（也是国内价格）上升和商品 X 的出口价格下降。但消费结构的变化要求商品 Y 的价格上升幅度小于商品 X 的。而商品 X 的生产者价格也将低于原来的价格。因此，要素 L 的价格下降而要素 K 的价格上升。商品和要素的价格变化呈下列关系：

$$\hat{P}_x > \hat{P}_y > 0 \text{ 和 } \hat{W} < 0 < \hat{r}$$

换言之，商品 X 的价格相对上升，但要素 L 的价格下降。

　　本国对商品 Y 征收消费税导致商品 Y 的价格上升，使消费转向商品 X。于是，商品 X 的出口减少从而商品 Y 的进口也将减少。贸易的减少可能会导致商品 Y 的进口价格下降和商品 X 的出口价格（也是国内价格）上升。但消费结构的变化要求商品 X 的价格上升幅度小于商品 Y 的。而商品 Y 的生产者价格也将低于原来的价格。因此，要素 K 的价格下降而要素 L 的价格上升。商品和要素的价格变化呈下列关系：

$$0 < \hat{P}_x < \hat{P}_y \text{ 和 } \hat{W} > 0 > \hat{r}$$

换言之，商品 Y 的价格相对上升，但要素 K 的价格下降。

　　现在考虑商品生产税的贸易和价格效应。本国对商品 X 征收生产税，将导致商品 X 的价格上升（但生产者价格下降）。商品 X 的生产和出口减少，商品 Y 的进口也将减少，价格（也是生产者价格）下降。但生产的转移要求 X 的生产者价格下降比率大于商品 Y 的。于是，要素 L 的价格下降和要素 K 的价格上升。价格的相对变化如下：

$$\hat{P}_x > 0 > \hat{P}_y \text{ 和 } \hat{W} < 0 < \hat{r}$$

因此，对商品 X 征收生产税会导致贸易减少，商品 X 的价格上升和商品 Y 的价格下降，要素 L 的价格下降和要素 K

的价格上升。

本国对商品 Y 征收生产税，将导致国内商品 Y 的价格上升（但生产者得到的价格下降）。商品 Y 生产减少但进口增加。商品 X 的生产和出口要增加，价格可能会下降但下降比率小于商品 Y 的生产者价格的，以实现生产结构的变化。于是，要素价格将下降，但要素 L 的价格下降比率小于要素 K 的。价格的相对变化如下：

$$\hat{P}_x \leq 0 \lessgtr \hat{P}_y，和\ 0 \geq \hat{W} > \hat{r}$$

因此，对商品 Y 征收生产税会导致要素 L 的相对价格上升和商品 Y 的相对价格上升，但使贸易增加。

第一种商品与要素交换贸易模式下的情况

假设在这种模式下，商品 X 是不可贸易的，但它密集使用的要素 L 是可贸易的；商品 Y 是可贸易的，但它密集使用的要素 K 是不可贸易的。本国出口要素 L 并进口密集使用要素 K 的商品 Y。

如果本国对消费商品 X 征税，就将导致商品 X 的价格上升和生产者价格下降，使商品 X 的消费和生产减少。多余出来的部分要素 L 和全部要素 K 将用于商品 Y 的生产，以实现要素 K 的充分就业；部分要素 L 将被出口。从而商品 Y 的进口也增加。商品 Y 的价格（也是生产者价格）可能上升，但上升比率小于商品 X 的，以实现生产的转移。商品的生产者价格变化使要素 K 的价格上升，要素 L 的价格下降。这样，商品和要素的价格变化满足：

$$\hat{P}_x > \hat{P}_y > 0\ 和\ \hat{W} < 0 < \hat{r}$$

即商品 X 的价格相对上升，但要素 L 的价格相对下降。

如果本国商品 Y 的消费征税，就将导致商品 Y 的价格上升，但生产者价格下降。商品 Y 的价格上升使消费转向

171

商品 X，商品 X 的生产将增加。从而要素 L 的出口和商品 Y 的生产减少，以实现充分就业。商品 Y 的进口也将减少。商品 X 的价格（也是生产者价格）将上升，但上升比率小于商品 Y 的。

于是，要素 K 的价格下降，要素 L 的价格上升。商品和要素的价格变化满足：

$$0 < \hat{P}_x < \hat{P}_y \text{ 和 } \hat{W} > 0 > \hat{r}$$

即商品 Y 的价格相对上升，但要素 K 的价格相对下降。现在考虑对商品的生产征税的影响。对商品 X 的生产征税将导致该商品的价格上升、需求下降，从而使消费需求转向商品 Y，商品 X 的生产减少。从商品 X 部门转移出来的全部要素 K 和部分要素 L 将流向商品 Y 部门，部分要素 L 将被出口，以实现要素的充分就业。出口的增加伴随着进口的增加。贸易的增加会导致要素 L 的价格下降和商品 Y 的价格上升。但商品 Y 的价格上升幅度小于商品 X 的，以实现消费结构的变化。因此，要素 K 的价格必然上升。价格的相对变化满足下列不等式：

$$\hat{P}_x > \hat{P}_y > 0 \text{ 和 } \hat{W} < 0 < \hat{r}$$

即商品 X 的价格相对上升，但要素 L 的价格相对下降。

本国对商品 Y 的生产征税将导致该商品的生产者价格低于它的价格（即进口价格）。商品 Y 的国内生产将下降，从商品 Y 部门转移出来的资源将用于商品 X 的生产或出口。由于商品 X 和要素 K 的非贸易性，商品 X 的产出必须增加但它相对于商品 Y 的价格必须下降，以实现要素 K 的充分就业。这将导致要素 L 的出口减少，价格上升。因此，要素 K 的价格将出现大幅度下降。价格的相对变化满足：

$$\hat{P}_x < \hat{P}_y \text{ 和 } \hat{W} > 0 > \hat{r}$$

即商品 Y 的价格相对上升，但要素 K 的价格相对下降。

同理，我们可以假定商品 X 是可贸易的，但它密集使用的要素 L 是不可贸易的；商品 Y 是不可贸易的，但它密集使用的要素 K 是不可贸易的。本国出口商品 X 并进口要素 K。在这种情况下，我们可以得到类似的结果。

第二种商品与要素交换贸易模式下的情况

假定在这种贸易模式下，商品 X 及其密集使用的要素 L 是不可贸易的，而商品 Y 及其密集使用的要素 K 是可贸易的。本国出口密集使用其禀赋较少要素 K 生产的商品 Y 和直接进口要素 K。

如果本国对商品 X 征收消费税，就将导致商品 X 的价格上升（但生产者价格下降），从而使商品 X 的消费和生产减少。由于要素 L 是不可贸易的，商品 Y 的生产必须增加以实现要素 L 的充分就业。商品 Y 的生产增加导致对要素 K 的需求增加，从而使要素 K 的进口增加以及商品 Y 出口的增加。贸易的增加会导致商品 Y 的价格下降和要素 K 的价格上升。因此要素 L 的价格必须下降（因为商品 X 的生产者价格下降）。于是，商品和要素的价格变化表现为：

$$\hat{P}_x > 0 > \hat{P}_y \text{ 和 } \hat{W} < 0 < \hat{r}$$

即商品 X 的价格相对上升而要素 L 的价格相对下降。

如果本国对商品 Y 的消费征税，就将导致商品 Y 的价格上升但它的生产者价格仍等于出口价格。商品 Y 的消费将减少，而商品 X 的消费和生产将增加，从而商品 Y 的生产将减少，使资源能转移到商品 X 部门。要素 K 的进口下降。商品 Y 的出口因此也下降。贸易的减少会导致商品 Y 的出口价格（也是它的生产者价格）上升和要素 K 的进口价格（也是国内价格）下降。因此要素 L 的价格必须上升，从而商品 X 的价格也将上升但上升幅度小于商品 Y 的以实现消费结构的变化。换言之，价格的相对变化满足下列不等式：

$$0 < \hat{P}_x < \hat{P}_y \text{ 和 } \hat{W} > 0 > \hat{r}。$$

即商品 Y 的价格相对上升而要素 K 的价格相对减少。

本国对商品 X 的生产征税，就会导致商品 X 的价格上升和需要下降。本国的需求转到商品 Y。商品 X 的生产减少伴随着商品 Y 的生产增加，以实现要素 L 的充分就业。商品 Y 的生产增加导致对要素 K 的需要增加，从而导致要素 K 的进口增加。这将使商品 Y 的出口也增加。贸易的增加会导致商品 Y 的下降和要素 K 的价格上升。因此要素 L 的价格必须下降。商品和要素的价格变化满足：

$$\hat{P}_x > 0 > \hat{P}_y \text{ 和 } \hat{W} < 0 < \hat{r}。$$

即商品 X 的价格相对上升而要素 L 的价格相对下降。

本国对商品 Y 的生产征税将导致该商品的生产者价格下降，低于它的价格（即出口价格）。因此，商品 Y 的生产减少，而商品 X 的生产增加。从而要素 K 的需求和进口也减少。于是，商品 Y 的出口将下降。贸易的减少将导致商品 Y 的价格上升和要素 K 的价格下降。要使增加的商品 X 被国内吸收，商品 X 的价格将不上升或上升的幅度小于商品 Y 的。此时，两种要素价格之间的相对变化是不确定的。换言之，价格的相对变化关系是：

$$\hat{P}_x < \hat{P}_y \text{ 和或 } \hat{W} \geq \hat{r} \text{ 或 } \hat{W} \leq \hat{r}$$

即商品 Y 的价格相对上升，而要素价格之间的相对变化是不明确的。

我们也可以假定在这种贸易模式下，商品 X 及其密集使用的要素 L 是可贸易的，而商品 Y 及其密集使用的要素 L 是不可贸易的。此时本国直接出口要素 L 和进口密集使用其禀赋较多要素 L 生产的商品 X。我们同样可以进行类似的分析，得到对称的结果。

174

上述对商品消费税和生产税的分析结果被归纳在表7—1 中。

表 7—1

对商品征收消费税和生产税的效应

	对商品 X 征收消费税	对商品 Y 征收消费税	对商品 X 征收生产税	对商品 Y 征收生产税
标准贸易模式下 出口商品 X、进口商品 Y	贸易增加 $\hat{P}_x > \hat{P}_y$ 和 $\hat{W} \leq \hat{r}$	贸易减少 $\hat{P}_x < \hat{P}_y$ 和 $\hat{W} \leq \hat{r}$	贸易减少 $\hat{P}_x > \hat{P}_y$ 和 $\hat{W} \leq \hat{r}$	贸易增加 $\hat{P}_x < \hat{P}_y$ 和 $\hat{W} \geq \hat{r}$
第一种贸易模式下 出口要素 L、进口商品 Y	贸易增加 $\hat{P}_x > \hat{P}_y$ 和 $\hat{W} \geq \hat{r}$	贸易减少 $\hat{P}_x < \hat{P}_y$ 和 $\hat{W} \geq \hat{r}$	贸易减少 $\hat{P}_x > \hat{P}_y$ 和 $\hat{W} \leq \hat{r}$	贸易增加 $\hat{P}_x < \hat{P}_y$ 和 $\hat{W} \geq \hat{r}$
第一种贸易模式下 出口商品 X、进口要素 K	贸易增加 $\hat{P}_x > \hat{P}_y$ 和 $\hat{W} \leq \hat{r}$	贸易减少 $\hat{P}_x < \hat{P}_y$ 和 $\hat{W} \geq \hat{r}$	贸易减少 $\hat{P}_x > \hat{P}_y$ 和 $\hat{W} \leq \hat{r}$	贸易增加 $\hat{P}_x < \hat{P}_y$ 和 $\hat{W} \geq \hat{r}$
第二种贸易模式下 出口商品 Y、进口要素 K	贸易增加 $\hat{P}_x > \hat{P}_y$ 和 $\hat{W} \leq \hat{r}$	贸易减少 $\hat{P}_x < \hat{P}_y$ 和 $\hat{W} \geq \hat{r}$	贸易减少 $\hat{P}_x > \hat{P}_y$ 和 $\hat{W} \leq \hat{r}$	贸易增加 $\hat{P}_x < \hat{P}_y$ 和 $\hat{W} \geq \hat{r}$
第二种贸易模式下 出口要素 L、进口商品 X	贸易增加 $\hat{P}_x > \hat{P}_y$ 和 $\hat{W} \leq \hat{r}$	贸易减少 $\hat{P}_x < \hat{P}_y$ 和 $\hat{W} \geq \hat{r}$	贸易减少 $\hat{P}_x > \hat{P}_y$ 和 $\hat{W} \leq \hat{r}$	贸易增加 $\hat{P}_x < \hat{P}_y$ 和 $\hat{W} \geq \hat{r}$

根据以上分析，我们可以得到以下结论：

（1）从商品要素比例和国内要素禀赋的角度来看，对商品征收消费税的贸易和价格效应在任何贸易模式下都是一样的：对密集使用国内禀赋较多要素的商品征收消费税会促进贸易，并导致该商品的价格相对上升和密集使用的要素价格相对下降。但是从进出口部门的角度来看，对商品征收消费税的贸易和价格效应在不同贸易模式下就不完全一样。在第二种商品与要素交换贸易模式下，对出口商品征收消费税有时会使贸易减少，并导致本国禀赋较多要素的价格相对上升。这与标准商品交易贸易模式下的表现形式完全相反。

（2）从商品要素比例和国内要素禀赋的角度来看，对商品征收生产税的贸易和价格效应在不同贸易模式下不是完全一样的。在标准商品交易贸易模式下，对密集使用本国丰富要素的商品征收生产税使贸易减少、该商品的（相对）价格上升以及它密集使用的要素价格相对下降。在商品与要素交换贸易模式下，对密集使用国内禀赋较多要素的商品征收生产税会导致贸易增加和被征税商品的价格相对上升。在第一种商品与要素交换贸易模式下，被征税商品密集使用的要素价格相对下降，而在第二种商品与要素交换贸易模式下，要素价格的相对变化有时是不确定的。

（3）从贸易商品和国内禀赋要素的角度来看，对商品征收生产税的贸易和价格效应在不同贸易模式下也不完全一样。在标准商品交易贸易模式下，对出口商品征收生产税会提高出口商品和相对价格和减少贸易，对进口商品征收生产税会增加进口商品的价格和增加贸易。而在商品与要素交换贸易模式下，对可贸易商品征收生产税既可以增加或减少出口商品的相对价格也可以增加或减少贸易。在标准商品交易贸易模式下，对出口商品征收生产税使国内禀赋较多的要素价格相对下降，而对进口商品征税使国内禀赋较少的要素价格相对上升。但在商品与要素交换贸易模式下，对贸易商品征税使要素之间的相对价格变化有时有利于要素 L 有时有利于要素 K。

因此，在商品与要素交换贸易模式下，即使出口商品密集使用国内禀赋较多要素或进口商品密集使用国内禀赋较少要素，对其征收生产税的效应也不同于标准商品交换贸易模式下的效应；如果出口商品密集使用国内禀赋较少要素或进口商品密集使用国内禀赋较多要素，对贸易商品征收生产税的效应就会大大不同于标准商品交换贸易模式下的效应。

7.6 直接投资与要素服务贸易

在本章的最后，我们来分析直接投资所伴随的要素服务贸易。比较优势可以通过商品贸易、要素服务贸易或直接投资来实现。在现实中，国际交易成本的存在减少或消除了一些货物的可贸易性，而服务对生产者和消费者在时间和空间上进行接触也消除了许多服务的可贸易性。因此，许多商品的国际交易只能采取直接投资的方式来进行。直接投资伴随着大量资本要素和少量劳动要素从投资国流入东道国。直接投资同时也伴随着使用东道国大量的劳动要素和少量的资本要素。但是，有关直接投资的研究都把直接投资看成是生产要素从投资国流向东道国，即直接投资是投资国向东道国提供要素服务以及直接投资的商品产出是东道国商品产出的一部分。由于直接投资是投资国将其部分生产能力搬到东道国，直接投资在东道国生产和销售商品所得的利润需要东道国出口商品和/或要素服务来支付，因此我们完全可以把直接投资在东道国生产和销售的商品可以看成是投资国向东道国的出口，并且把直接投资在东道国所雇佣的劳动和资本看成是东道国的要素服务出口和投资国的要素服务进口。

在现实世界里，大多数国家都通过严格限制外国劳动力的入境来限制劳务的进口。因此，我们不妨假设劳务是不许跨国界的（即劳动要素在国际上是不流动的），而资本要素是国际流动的。由于直接投资主要是为了减少国际交易成本，我们不妨再假设其中一种商品是可贸易的，而另一种商品是不可贸易的。

我们仍然假设商品 X 是劳动密集型的和本国具有较丰

富的劳动生产要素禀赋。首先考虑商品 Y 和要素 L 是不可贸易的。如果不允许直接投资，那么本国将出口商品 X 和进口资本要素服务。这种情况已在第 7.2 中作了分析。如果允许直接投资，那么国际交易可以表现为外国到本国来生产商品 X 和/或商品 Y，而本国出口商品 X。

我们用图 7—8 来说明。当直接投资全部用于生产商品 X 时，为了使国际收支保持平衡，外国直接投资在本国生产商品 X 的产出必须包含 AB 的生产要素。EA 代表外国直接投资在东道国雇佣的劳务，即本国在国内向外国出口的劳务。向量 BC 表示本国为支付外国直接投资利润所出口的、体现在商品 X 中的要素含量。本国所出口的商品 X 可以是国内企业或外国直接投资生产的；商品 X 的出口可以是国内或外国企业从事的。如果本国出口的商品 X 是国内企业生产的，那么外国通过直接投资向本国出口的商品 X 就是外国企业在本国生产商品 X 的全部产出 AB。如果本国出口的商品 X 是外国企业生产的，那么外国通过直接投资向本国出口的商品 X 就是外国企业在本国生产商品 X 的全部产出的一部分，即 AC。如果本国出口的商品 X 包括国内企业和外国企业生产的，那么外国通过直接投资向本国出口的商品 X 将大于 AC、小于 AB。

当直接投资全部用于生产商品 Y 时，为了使国际收支保持平衡，商品 Y 的产出要达到 DB。外国直接投资在本国雇佣的劳务为 ED。向量 BC 表示本国为支付外国直接投资利润所出口的商品 X。DB 代表外国通过直接投资向本国出口的商品 Y，而 ED 表示本国在国内向外国出口的劳务。不管外国直接投资生产商品 X 或 Y，直接投资额均为 EB。

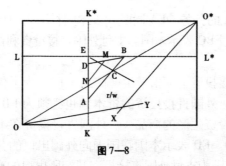

图 7—8

当直接投资同时生产两种商品时，为了使国际收支保持平衡，商品 X 和 Y 的生产所使用的资本要素必须为 EB。商品 X 和 Y 的产出分别用向量 NM 和 MB 表示。N 和 M 分别可在 DA 和 DB 上变动。外国直接投资在本国雇佣的劳务为 EN，取决于商品 X 和 Y 的产出结构。ED≤EN≤EA。当直接投资只生产资本密集型商品 Y 时，雇佣的劳务最少（EN＝ED）；当直接投资只生产劳动密集型商品 X 时，雇佣的劳务最多（EN＝EA）。BC 仍然表示本国为支付外国直接投资利润所出口的商品 X。NM 和 MB 代表外国通过直接投资向本国出口的商品 X 和 Y，而 EN 表示本国在国内向外国出口的劳务。

现在考虑商品 X 和要素 L 是不可贸易的。如果不允许直接投资，那么本国将出口商品 Y 和进口资本要素服务。这种情况也已在 7.2 节作了分析。如果允许直接投资，那么国际交易同样可以表现为外国到本国来生产商品 X 和/或商品 Y，而本国出口商品 Y。

我们用图 7—9 来说明。当直接投资全部用于生产商品 X 时，为了使国际收支保持平衡，外国直接投资的资本额必须为 EB。AB 代表外国直接投资生产的商品 X 和外国通过直接投资向本国出口的商品 X。外国直接投资要在东道国雇佣 EA 的劳务。EA 同时代表本国在国内向外国出口的劳务。向量 BC 表示本国为支付外国直接投资利润所出口的商品 Y。

当直接投资全部用于生产商品 Y 时，为了使国际收支保持平衡，外国直接投资的资本额也必须为 EB。DB 代表外国直接投资生产的商品 Y。外国直接投资在本国雇佣的劳务为 ED。ED 表示本国在国内向外国出口的劳务。向量 BC 表示本国为支付外国直接投资利润所出口的商品 Y。本国所出口的商品 Y 可以是国内企业或外国直接投资生产的；商品 Y 的出口可以是国内或外国企业从事的。如果本国出口的商品 Y 是国内企业生产的，那么外国通过直接投资向本国出口的商品 Y 就是外国企业在本国生产商品 Y 的全部产出 DB。如果本国出口的商品 X 是外国企业生产的，那么外国通过直接投资向本国出口的商品 Y 就是外国企业在本国生产商品 Y 的全部产出的一部分，即 DC。如果本国出口的商品 Y 包括国内企业和外国企业生产的，那么外国通过直接投资向本国出口的商品 Y 将大于 DC、小于 DB。

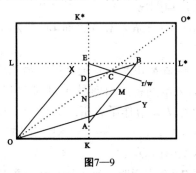

图7—9

当直接投资同时生产两种商品时，为了使国际收支保持平衡，直接投资的资本额必须为 EB。商品 X 和 Y 的产出可分别用向量 NM 和 MB 表示。N 和 M 分别可在 DA 和 AB

上变动。外国直接投资在本国雇佣的劳务为 EN，取决于商品 X 和 Y 的产出结构。ED ≤ EN ≤ EA。当直接投资只生产资本密集型商品 Y 时，雇佣的劳务最少（EN = ED）；当直接投资只生产劳动密集型商品 X 时，雇佣的劳务最多（EN = EA）。BC 仍然表示本国为支付外国直接投资利润所出口的商品 Y。NM 和 MB 代表外国通过直接投资向本国出口的商品 X 和 Y，而 EN 表示本国在国内向外国出口的劳务。

比较图 7—8 和图 7—9 可以发现，两者之间的差别在于本国是通过出口商品 X 还是出口商品 Y 来支付外国直接投资所获得的利润。如果出口商品 Y，那么就商品贸易格局而言是违反比较优势原则的。当两种商品都是可贸易商品时，国际商品和要素服务的交换也可以通过直接投资来进行。在这种情况下，外国直接投资在东道国可以生产商品 X 或/和 Y，东道国也可以出口商品 X 和/或商品 Y 来支付外国直接投资在东道国所获得的利润。东道国的商品出口贸易可以是东道国的企业从事的，也可以是由直接投资企业将所生产出来的商品直接出口到本国。如果商品 Y 是可贸易的或其可贸易性远远大于商品 X 的，那么直接投资将导致劳动要素禀赋丰富的国家（本国）出口资本要素密集型商品。直接投资可以逆转商品贸易格局。

我们可以对本国到外国从事直接投资采取类似的分析。国际直接投资通常都伴随着管理人员的国际流动。这些人在东道国所消费的商品 X 和 Y 也是东道国的出口贸易的组成部分，只不过没有统计在国际收支账户中罢了。

由于把直接投资在东道国雇佣的生产要素看成是东道国的要素服务出口，因此，任何限制直接投资利润的政策和措施都将可能减少这种形式的要素服务贸易。如果不考虑外来直接投资的税收效应，东道国的这种要素服务出口相当于纯粹的要素服务出口（全部要素收入被汇回国内进行消费）。但是，由于外来直接投资的产出大于它所雇佣的东道国要素服务（差额为直接投资的利润），东道国还必须真正出口商品和/或要素服务来弥补这一差额（即直接投资的利润）。

7.7 小结

本章对要素服务贸易和商品与要素交换贸易模式的分析表明，要素服务贸易可能会导致一个国家出口密集使用国内禀赋较少的商品/或进口密集使用国内禀赋较多的商品。但是，该国此时一定是国内禀赋较少要素的净进口国（或禀赋较多要素的净出口国），因此国际收支中商品贸易收支项目一定有赤字（或黑字）。在这种贸易模式下，进口要素的数量可能大于该国原有的禀赋；但国际贸易有时并不能使世界经济达到最佳的资源配置，因为一个国家出口的要素不可能大于它原有的禀赋。

当要素服务贸易伴随着服务提供者的国际流动时，他们通常把提供要素服务的部分或全部收入在东道国就地消费。如果把他们看成是东道国的居民，那么他们提供的资本要素服务与劳动要素服务比例大于（小于）东道国原有的要素比例时会增加（减少）东道国的人均福利水平；当他们提供的资本要素服务与劳动要素服务比例大于（小于）母国的要素比例时，则会减少（增加）母国的人均福利水平。如果仍把他们看成是母国的居民，那么他们在东道国所消费的商品是东道国商品出口贸易的组成部分。

本章的分析还表明，在任何贸易模式下，限制国际商品交易或要素流动都有利于国内禀赋较少的要素而不利于禀赋较多的要素。因此，在商品与要素交换贸易模式下，限制商品贸易可以表现为有利于出口商品非密集使用的要素或进口商品密集使用的要素。从这个方面来说，这与标准商品贸易模式下的结论是相反的。

在不同贸易模式下，征收商品消费税对贸易、商品之间的相对价格变化和要素之间的相对价格变化的影响不是完全一样的。在商品贸易模式下，对出口商品征收消费税导致贸易增加、该商品的价格上升但本国丰富要素的价格下降。而在商品与要素交换模式下，对出口商品征收消费税有可能导致贸易减少，并使要素相对价格变化有利于本国丰富要素的价格。

对商品征收生产税在不同贸易模式下的效应也不完全一样。在商品贸易模式下，对进口商品征收生产税导致贸易增加、该商品的相对价格变化有利于商品进口以及要素的相对价格变化有利于本国丰富要素。但在商品与要素交换模式下，对进口商品征收生产税有可能导致贸易减少，并使要素相对价格变化不利于本国丰富要素的价格。

传统的理论分析把直接投资活动看成是生产要素从投资国流向东道国。但是，国际直接投资实际上是投资国企业把其生产能力搬到东道国。而且在国际竞争日趋激烈的今天，成本优势不再是决定一个企业、一个国家竞争优势的决定性因素。国际直接投资的自由化趋势使得商标和品牌的作用越来越大。因此，我们完全可以把外国直接投资在东道国生产和就地销售的商品看成是东道国的进口和投资国的出口，而把外国投资在东道国所使用的要素服务以及其它中间投入看成是东道国的出口和投资国的进口。国际直接投资可以逆转传统意义上（跨国界）的商品贸易格局。由于国际直接投资使不可贸易商品和生产要素成为可贸易的，任何限制直接投资活动的政策措施都将减少这种形式的商品贸易和生产要素服务贸易，并同时减少一个国家的福利水平。

第8章 服务贸易与中国

　　本章在讨论国际服务贸易的有关基本问题的基础上重点分析和讨论了国际交易服务贸易、生产性服务贸易和要素服务贸易的影响。作为本文的最后一章，我们将根据前几章所得到的结论来讨论中国发展服务业及其国际贸易的一些政策选择。为此，我们首先考察中国服务贸易及服务业对外开放的情况。

8.1 中国的服务贸易现状

　　自改革开放以来，我国服务业增速高于经济增长速度，1989 年我国服务出口仅排全球第 27 位，进口居 32 位，我国 1995 年的服务贸易额为 430 亿美元，只占全世界服务贸易总额 1.23 万亿美元的 1.8%。1995 年中国的非要素服务贸易出口总额为 191.3 亿美元，进口总额为 252.23 亿美元，服务贸易逆差为 62 亿美元。其中，旅游服务出口为 87.30 亿美元，进口为 36.88 亿美元，顺差为 50.42 亿美元；而国际交易服务和生产性服务的出口为 97 亿美元，进口为 209.47 亿美元，逆差为 112.47 亿美元。1994 年中国的要素服务收支为 127.27 亿美元，其中要素服务收入为 58.54 亿美元，支出为 68.73 亿美元，要素服务收支有 10.19 亿美元的逆差。自 1993 年以来中国服务贸易获得了快速发展，到 2003 年我国服务贸易进出口额首次突破 1000

亿美元大关，年均增长率为18%，成为世界第九大服务贸易国，首次跻身全球前十位。

表8—1：

中国1993年—2003年服务贸易情况表　　　　单位：亿美元

年　度	1993	1994	1995	1996	1997	1998	1999	2000	2001	2002	2003
服务出口	110	164	184	206	245	239	262	301	329	394	464
服务进口	116	158	246	224	277	265	310	359	390	461	549
贸易总额	226	322	430	430	522	504	572	660	719	855	1013
净出口	-6	-14	-62	-18	-32	-26	-48	-58	-61	-67	-85
贸易差所占贸易百分比%	2.6	4.3	14.4	4.1	6.1	5.1	8.3	8.8	8.5	7.8	8.4

资料来源：世界贸易组织《国际贸易统计》。

2005年我国国际服务贸易额达到1665亿美元，比上年增长23.8%，是全球服务贸易增长最快的国家之一，其中服务贸易出口额812亿美元，增长30.1%，由2004年的全球第九位上升到第八位，进口额853亿美元，增长18.3%，由2004年的全球第八位上升到2005年的第七位；服务贸易逆差大幅下降，较上年减少57%。

8.2 中国服务业对外开放的战略

中国服务业的开放是伴随着复关和入世谈判而逐步进行的，其中比较重要的两个时点是1995年和2001年，1995年以前中国为了争取复关（即恢复关贸总协定GATT缔约国地位），2001年是中国正式成为世贸组织一员。我们以这两个时点来看中国的服务业开放战略。

虽然早在1948年关税与贸易总协定（General Agreement on Tariff and Trade——GATT）成立之初就是缔约国，但当时代表中国签约的是国民党当局，新中国成立后，

1950 年台湾当局非法宣布退出关贸总协定。1965 年，台湾当局经申请成为关贸总协定观察员。1971 年，联合国大会通过 2758 号决议，驱逐了台湾当局，恢复中华人民共和国作为代表中国的合法席位，1971 年 11 月，关贸总协定据此取消了台湾当局的观察员资格。中国于 1986 年正式申请恢复关贸总协定缔约方的地位，1987 年关贸总协定成立中国工作组，处理中国复关的有关事宜。1994 年 9 月，中国提出一揽子谈判方案，并以此为基础与各方进行了全面谈判，但未能实现复关的目标。

随着经济的不断发展，全球的经济发展出现了一体化趋势，GATT 由于其固有的缺陷，已经不能担当起新的时代任务，自 1986 年乌拉圭回合谈判开始，谈判内容不仅包含了传统的货物贸易问题，而且还涉及到服务贸易、知识产权保护和环境等新问题。因此为了协调、监督和执行新一轮多边贸易谈判的成果，1990 年 7 月，欧盟 12 个成员国正式向乌拉圭回合体制职能谈判小组提出成立多边贸易组织的建议，得到美国和加拿大的支持，并根据美国的动议，把"多边贸易组织"改名为"世界贸易组织（World Trade Organization——WTO）"，并于 1995 年 1 月 1 日正式成立。

世贸组织（WTO）的主要协定的内容是由其本身案文 16 条和 4 个附录组成，其中，WTO 16 条文包括 WTO 的宗旨、建立、范围、职能、机构和同其他组织的关系等；在 4 个附录中，前 3 个附录是各成员国必须共同遵守的多边协议。它们是：

附录 1A，多边货物贸易协定；含有 1 个总协定（1994 年关税与贸易总协定），12 个协议和 6 个备忘录。

附录 1B，服务贸易总协定（General Agreement on Trade in Services——GATS）：含有 1 个总协定、8 个协议和 1 个备忘录。其中服务贸易总协定（GATS）确定了适用于服务贸易的自由公平贸易原则。8 个协议和 1 个备忘录则是具体服务行业方面的协议和成员就开放服务市场所做的承诺。8 个协议包括：(1) 条款 Ⅱ 关于最惠国待遇例外的附录；(2) 关于本协定提供服务和自然人移动的附录；(3) 空中运输服务的附录；(4) 金融服务的附录；(5) 金融服务的第 2 个附录；(6) 海运服务协商的附录；(7) 电信的附录；(8) 基础电信协商的附录。1 个备忘录：金融服务承诺备忘录。

附录 1C：与贸易有关的知识产权协议（Agreement on TRIPs）。

附件 2：争端解决规则和程序备忘录。

附件 3：贸易政策复审机构。

而附录 4 的诸边协议仅对签约国家具有约束力。

正是这 4 个附录构成了 WTO 协定的实质性规定，从而对各成员国的贸易行为和政策进行具体规范和约束。从 WTO 的服务贸易总协定及其 8 个协议，我们可以看到，1994 年时中国的服务业开放程度未达到美国、欧盟等的要求，故中国想在 GATT 变更为 WTO 之前达到复关的目标未能实现。为了在保证国家安全和国家利益的前提下，加快市场改革步伐，尽快融入国际社会，以国际标准来促进中国的改革，中国对服务行业实行了分期、分批逐步开放的战略。

到 20 世纪 90 年代初，中国的大部分生产性服务行业包括金融、保险、商业零售、对外贸易、民用航空、法律服务和会计服务等已不同程度地对外资开放。截至 1995 年底，这些服务行业的对外开放基本情况如下：

在银行金融业，中国已批准建立各种外资金融机构 139 个。其中外资银行、外国银行分行、中外合资银行 134 家，外国独资财务公司和中外合资财务公司 5 家；已批准建立代表处 466 个；已开放的允许建立外资金融机构的城市有 24 个，它们是北京、上海、天津、重庆、成都、武汉、昆明、西安、沈阳、石家庄、合肥、深圳、汕头、珠海、厦门、海口、大连、青岛、南京、宁波、福州、广州、苏州和无锡。申请设立外资金融机构的外国投资者必须在中国已有两年以上常驻办事处的经验，而且申请者的总资产不得少于 100 亿美元并具有良好的信誉。开始时，外资金融机构只限于经营外汇业务，不能经营人民币业务。但在"九五"期间在上海浦东进行试点，允许外资金融机构经营人民币业务。

在保险业，中国只允许外国保险机构在上海和广州通过设立外国保险分公司和中外合资保险公司两种形式提供保险服务。而且申请设立保险机构的外国保险公司必须成立 30 年以上，并在中国有设立 3 年办事处的经验。已批准设立的 4 家保险公司都是外商独资的保险分公司。外商保险机构仅可以开展境内外商企业的财产保险和外国个人付费人身保险以及这两项业务的再保险业务。

在商业零售业，中国仅在北京、天津、上海、广州、大连、青岛、深圳、珠海、汕头、厦门和海南这十个城市和经济特区允许进行商业零售业利用外资的试点。已批准设立的 14 家外资商业零售企业都是中外合资企业。中国不允许设立外商独资的商业零售企业和中外合资的批发企业。凡批准设立的中外合资商业零售企业均拥有一定的进出口经营权，进口商品仅限于本企业零售的百货商品，进口总量不得超过当年销售总额的 30% 且必须通过自营出口取得外汇收支平衡。

只允许外商在规定的保税区内设立对外贸易企业，从事转口贸易和为保税区内的企业代理生产用原材料、零配件的进口及产品的出口这样的外贸业务。所规定的保税区包括深圳富田、沙头角、汕头、厦门、海口、大连、天津、青岛、张家港、外高桥、宁波、福州和广州 13 个保税区。"九五"期间外贸领域利用外资的试点工作进一步扩大，并在上海浦东新区试办了少数几家中外合资的外贸企业。

在民用航空服务领域，中国只允许外国投资者以合资和合作方式提供地面项目的服务，如货运仓储、飞机维修、航空食品、宾馆、餐厅、航空油料和其他一些地面服务。外商还可以采取同样的方式从事民用机场候机楼项目以及包括跑道、滑行道和停机坪等飞行区项目的建设和管理，中方的出资应占 51% 以上，且董事长和总经理要由中方人员担任。投资建设民用机场飞行区的外商投资企业经批准可以适当扩展其经营范围。另外，外商还可以与中国航空运输企业共同投资，以合资和合作方式设立航空运输企业，但外商在该航空运输企业的注册资本或实收资本中所占比例不得超过 35%，其代表在董事会的表决权不得超过 25%，而且董事长和总经理也必须由中方人员担任。中国空中交通管制系统由国家投资和管理，不吸收外商投资或参与管理。

在司法领域，经司法部批准，外国律师事务所可以在中国境内设立办事处，从事法律、国际协定和惯例的咨询，可代表外国客户在中国境内委托中国律师事务所从事法律活动，也可代表中国客户处理有关法律问题。但是，外国律师事务所在中国的办事处不能雇佣中国律师。外国律师不能作为中国居民的代理人出现在法庭上，不允许解释任何中国法律，不可在中国以个人身份从事法律服务，只可作为法律专家在中国举办讲座和进行学术活动。中国已在 15 个试点城市批准设立了 57 个外国律师事务所的办事处。这 15 个试点城市是北京、上海、天津、广州、深圳、海口、大连、青岛、宁波、烟台、厦门、珠海、福州、苏州和杭州。已批准设立的办事处期限为五年，经批准可以延长。

在会计服务领域，中国政府允许年收入在 2000 万美元以上和人员超过 200 名以上的外国会计事务所经市场测试后在中国的发达地区设立办事处，允许外国会计事务所以合资和合作形式与国内会计事务所共同建立中外合资或合作的会计事务所。中外合资和合作会计事务所可以从事审计业务。到 1995 年，中国已经批准 34 家外国会计事务所设立办事处和 8 家中外合资会计事务所。

在旅游相关领域，中国对外开放程度较大的领域是与旅游和旅行有关的服务行业。外国服务提供者可以合资或合作的形式新建、改造和经营饭店餐馆设施，且外商在注册资本中的投资比例不得少于 25%。与在华的合资和合作饭店或餐馆签有管理合同的外国经理人员、国际行政管理人员和专家可以入境提供管理服务。在大连金石滩、青岛石老人、无锡太湖、苏州太湖、杭州之江、上海横沙岛、福建武夷山、福建湄州岛、广州南湖、北海银滩、昆明滇池和三亚亚龙湾 12 个国家级旅游度假村，中国允许外商开发旅游设施，合资经营出租汽车等旅游服务项目，并可合资兴办国际旅行社。

其他服务行业，除上述服务行业外，中国的其他一些服务行业也在一定程度上对外资开放。如教育（鼓励外国捐资建设学校或合资建立联合培训中心）、交通运输（鼓励外资在高速公路、铁路、汽车运输、码头建设等方面参加投资和经营，允许在车辆制造、汽车站管理、汽车配套服务业等项目上合资，允许外商独资建设货主码头和专用航线）、医疗卫生（允许建立合资或合作医院和诊所）、建筑（允许建立中外合资或合作的建筑工程公司）、房地产（允许成立合资或合作形式的企业）、咨询（允许外资以合资或合作形式设立公司）和广告（允许外资设立合资或合作形式的广告公司）。

1995 年 6 月，中国公布了《指导外商投资方向暂行规定》和《外商投资产业指导目录》两份文件。在《外商投资产业指导目录》中，我们可以发现服务业的对外开放被划分为鼓励、允许、限制和禁止四类，其中允许类没有列入目录中。

鼓励外商投资的服务行业主要集中在交通允许和邮电通讯业，具体项目为：（1）铁路运输技术设备，包括机车车辆及主要部件设计制造、线路设备设计制造、高速铁路有关技术与设备制造、通讯信号和运输安全监测设备制造、电气化铁路设备和器材制造；（2）地方铁路及桥梁、隧道和轮渡设施的建造与经营；（3）公路和港口机械设备及其设计和制造技术；（4）城市地铁及轻轨的建设和经营（由国有资产占控股或主导地位）；（5）公路、独立桥梁、隧道和港口设施的建设与经营（公用码头由国有资产占控股或主导地位）；（6）民用机场的建设和经营（由国有资产占控股或主导地位）；（7）900 兆赫数字蜂窝移动通讯设备制造；（8）5 次群以上同步光纤、微波通讯系统以及计量设备的制造；（9）异步转移模式（ATM）交换机设备制造。鼓励外商投资的服务业还包括国际经济和科技信息咨询以及精密仪器设备的维修和售后服务。

限制外商投资的服务行业涉及面较广。在交通运输和邮电通讯业的项目有：（1）干线铁路建设和经营（由国有资产占控股或主导地位）；（2）水上运输（不允许外商独资经营）；（3）出入境汽车运输（不允许外商独资经营）；（4）航空运输（由国有资产占控股或主导地位）；（5）通用航空（工业航空由国有资产占控股或主导地位，农业和林业航空不允许外商独资经营）；（6）数字程控局用和用户交换机设备制造。

在内外贸、旅游、房地产及服务业（不允许外商独资经营）项目有：（1）商业批发和零售；（2）物资供销；（3）对外贸易；（4）国家级旅游区的建设和经营；（5）高档宾馆、别墅和写字楼；（6）高尔夫球场；（7）旅行社；（8）会计、审计和法律咨询服务，经纪人公司；（9）代理业务（船舶、货运、期货、销售和广告等）；（10）教育和翻译服务。与金融相关的行业项目包括：（1）银行、财务公司，信托投资公司；（2）保险公司，保险经纪人公司及代表人公司；（3）证券公司、投资银行、商人银行、基金管理公司；（4）金融租赁；（5）外汇经纪；（6）金融、保险和外汇咨询；（7）金银珠宝首饰的生产、加工、批发与销售。受限制的服务行业项目还包括：（1）出租车（仅限于国内购车）；（2）加油站（限于与相关项目配套建设和经营）；（3）印刷业、出版发行业（不允许外商独资经营）；（4）进出口商品检验和鉴定业务；（5）音像制品的制作、出版和发行。

禁止外商投资的服务业行业，在电力工业和城市公用事业中有电网建设和经营，城市供排水、煤气、热力管网的建设和经营；在邮政、电讯、交通运输业中有邮政、电讯业务的经营管理以及空中交通管制；在广播影视业中有各级广播电台、电视台，广播电视节目的制作、出版和发行，录像放映；以及期货贸易，新闻业，跑马场，赌博和色情服务。

自1995年1月1日成立后，世贸组织于1995年7月1日决定接纳中国为该组织的观察员，1997年5月23日，世贸组织中国工作组第四次会议就中国加入世贸组织议定书中关于非歧视原则和司法审议两项主要条款达成协议，同年8月1日，中国宣布在进一步降低关税、消除非关税壁垒和取消农产品出口补贴等方面采取的重大步骤。

1999 年 4 月，中美达成《中美农业合作协议》，同年 11 月 15 日，中美双方就中国加入世贸组织达成协议，中美就此正式结束双边谈判。

2000 年 11 月，中国与欧盟达成双边协议。

2001 年 7 月 3 日，世界贸易组织就中国正式加入 WTO 达成一致。

2001 年 9 月 13 日，中国完成了与所有世贸组织成员的双边市场准入谈判。

2001 年 12 月 11 日，世界贸易组织第四届部长会议通过了中国加入世贸组织的决议，中国正式成为世界贸易组织的成员。

加入 WTO 时中国一共在商业、通讯、建筑、分销、教育、环境、金融、旅游和运输等九大部门 90 多个分部门做出了开放承诺，具体承诺如下：

8.2.1 专业服务

法律服务：初期只能在以下十九个城市北京、上海、天津、广州、深圳、海口、大连、青岛、宁波、烟台、厦门、珠海、福州、苏州、杭州、武汉、成都、沈阳和昆明以代表处形式提供法律服务，一年后取消地域限制。

会计、税收服务：加入时只允许设立合资企业，加入 6 年后可以设立独资子公司。

建筑设计、工程、城市规划服务：加入时只允许设立合资企业，加入 5 年内可以设立独资子公司。

计算机相关服务：软件实施服务，仅允许合资企业服务。

房地产服务：除豪华饭店外，不允许设立外商独资企业。

其他商业服务：

A. 广告服务：技术测试和分析，加入 2 年内可以成立外资控股的合资公司，加入 4 年内允许成立外资独资子公司。

B. 管理咨询服务；加入 6 年内，取消限制，允许设立外资独资子公司。

C. 包装、维修、租赁服务：加入 1 年内允许控股，3 年内，允许设立外资独资子公司。

D. 其他仅允许设立合资公司的服务为：与农业、林业、狩猎和渔业有关的服务，近海石油服务，陆上石油服务，摄影、会议、笔译和口译等。

通信服务：

A. 速递服务：加入一年内允许外资多数股权。加入 4 年内，允许设立外资独资子公司。

B. 电信服务：增值电信服务：包括电子邮件、语音信箱、在线信息和数据检索、电子数据交换、增值传真、编码和规程转换、在线信息和/或数据处理，寻呼服务等加入 2 年内，取消地域限制，外资持股不超过 50%。

C. 移动电话和数据服务：加入初期允许在上海、广州、北京设立合资企业，外资不超过 25%，加入 1 年内地域扩大至深圳、大连、青岛、宁波、厦门、福州、杭州、武汉、成都、沈阳、重庆、南京、西安和太原，外资比例不超过 35%。加入 3 年外资比例不超过 49%。加入 5 年内取消地域限制。

D. 电信国内、国际业务（包括话音服务、分组交换数据传输、电路交换数据传输、传真服务、专线电路租用服务）：加入 3 年内允许在上海、广州、北京设立合资企业，外资不超过 25%，加入 5 年内地域扩大至成都、重庆、大连、福州、杭州、南京、宁波、青岛、沈阳、深圳、厦门、西安、太原和武汉，外资比例不超过 35%。加入 6 年内取消地域限制，外资比例不超过49%。

视听服务：允许建立合作企业从事除电影外的音像制品的分销，允许合作建设和改造电影院，但外资比例不超过49%。

建筑及相关工程服务：加入3年内允许设立外资独资企业，但外商独资企业仅能承揽由外国投资或赠款资助、国际金融机构资助、外资超过50%的中外联合建设或者中国建筑企业难以独立实施的建设等四类建筑项目。

8.2.2 分销服务

代理和批发业务：加入3年内允许从事图书、报纸、杂志、药品、农药和农膜的分销，加入5年内允许从事化肥、成品油和原油的分销，加入2年内，允许外资拥有多数股权，取消地域限制。

零售业务：加入2年内，允许外资持有多数股权开放所有省会城市及重庆和宁波。加入后5年内取消包括化肥在内的所有零售限制。

特许经营：加入3年内，取消限制

8.2.3 教育服务（不包括国家义务教育）：

允许中外合作办学，外方可获多数股权。

8.2.4 环境服务：

仅允许建立合资企业，允许外资拥有多数股权。

8.2.5 金融服务

保险相关服务：

A. 企业形式：非寿险公司，加入2年内，允许设立外资独资子公司，取消企业形式限制，寿险公司，加入时允许设立外资占50%的合资企业。对于大型商业险经纪、再保险经纪、国际海运、空运和运输保险和再保险经纪，加入5年内允许设立外资独资子公司。

B. 地域范围：加入时开放上海、广州、大连、深圳和佛山，加入 2 年内开放北京、成都、重庆、厦门、宁波、沈阳、武汉和天津。加入 3 年内取消地域限制。

C. 业务范围：加入 2 年内，允许非寿险公司提供全部非寿险业务，加入 3 年后开放健康险、团体险和养老金/年金险业务。

D. 许可：公司成立 30 年以上，在中国设立代表处 2 年以上，保险公司上年总资产超过 50 亿美元。对保险经纪公司的要求，加入时总资产不低于 5 亿美元，加入 1 年内总资产不低于 4 亿美元，加入后 2 年内总资产不低于 3 亿美元，加入后 4 年内总资产不低于 2 亿美元。

银行及其相关金融服务：A. 地域限制：对于本币业务，加入时开放上海、深圳、天津和大连；加入后 1 年内开放广州、珠海、青岛、南京和武汉；加入后 2 年内开放济南、福州、成都和重庆；加入后 3 年内开放昆明、北京和厦门；加入后 4 年内开放汕头、宁波、沈阳和西安；加入后 5 年内取消地域限制。

B. 营业许可：设立外国独资（合资）银行或独自（合资）财务公司，提出申请前 1 年年末总资产不低于 100 亿美元，设立外国银行分行要求提出申请前 1 年年末总资产不低于 200 亿美元。从事本币业务的外国金融机构资格为在中国营业 3 年，且在申请前连续 2 年盈利。

证券业务

加入时允许外国设立合资公司从事国内证券投资基金管理业务，外资比例不超过 33%，加入后 3 年内外资比例可达 49%，可设立中外合资证券公司，外资比例不超过 1/3，可从事 A 股的承销、B 股和 H 股及政府和公司债券的承销和交易，基金的发起。

8.2.6 旅游及旅行相关服务

饭店和餐馆：加入后 4 年内取消限制，允许设立外资独资子公司。

旅行社和旅游经营者：加入初期允许在北京、上海、广州和西安以合资形式提供服务，加入后 6 年内，允许设立外资独资子公司，取消地域限制。

8.2.7 运输服务

A. 海运服务：仅允许建立合资企业，外资比例不超过 49%，对于海运理货服务、海运报关服务、集装箱堆场服务允许外资拥有多数股份。

B. 铁路运输：加入后 3 年内允许外资拥有多数股权，加入后 6 年内允许设立外资独资子公司。

C. 公路运输：加入后 1 年内允许外资拥有多数股权，加入后 3 年内允许设立外资独资子公司。

D. 仓储服务：加入后 1 年内允许外资拥有多数股权，加入后 3 年内允许设立外资独资子公司。

E. 货物运输代理服务：加入后 4 年内允许成立外资独资企业，加入初期最低注册资本金要求不低于 100 万美元，加入后 4 年内给予国民待遇。分支机构设立加入后 2 年内享受国民待遇。

由于我国在加入世贸组织的谈判过程中，对市场准入以及服务业逐步开放等具体的时间进度争取了过渡期，过渡期分为前后两个阶段，2001 年—2004 年为前过渡期，承诺加入 TWO 后开始履行关税减让义务、灵活开放服务贸易，这段时间对农业、汽车、服务等行业给以一定程度保护，后过渡期是指 2005 年—2006 年底，在主要领域所做的开放承诺达到终点。在对外服务贸易承诺中，除了电信服务、建筑、保险经纪、旅行社及铁路货运服务等部门有部分承诺最终执行期限是 5—6 年外，其余大多数服务部门的承诺最终执行期限是 3—4 年。

8.3 中国发展服务贸易的策略

通过对服务贸易中接触成本的分析：我们知道接触成本的大小决定了服务贸易的模式，即生产者移动到消费者所在地生产服务的贸易（对外投资），消费者移动到生产者所在地接受服务（如旅游）和消费者和生产者都在各自国家所进行的服务贸易（如软件外包）。接触成本的下降直接导致了国际交易服务贸易和生产性服务贸易单位成本的下降，对国际交易服务贸易和生产性服务贸易的分析结果表明，（1）如果国际交易服务贸易使一个国家商品贸易所使用的国际交易服务的单位成本下降，那么服务贸易能增加该国的福利水平。当国际交易服务的单位成本下降时，国际交易服务所隐含的关税效应使出口商品的生产增加和进口替代商品的生产减少，从而商品贸易具有促进作用。但是，国际交易服务的资源成本效应可能具有相反的作用。因此，国际交易服务贸易既可能增加也可能减少商品贸易。由于实际上进出口商品中都存在劳动密集型和资本密集型商品，国际交易服务的成本效应对商品产出结构的影响较小，国际交易服务通常是促进商品贸易的。（2）国内交易服务的效率提高肯定将促进国内贸易和福利的增加，会使地区间的商品生产结构发生变化，但对整个国家的商品结构影响是不确定的。（3）如果生产性服务贸易是由要素禀赋差异引起的，那么生产性服务贸易与商品贸易是一种替代关系。在这种情况下，生产性服务贸易不会增加或减少一个国家的福利水平，但它可以改变商品贸易的结构。生产性服务贸易可能使一种商品退出国际贸易，从而使国际贸易表现为商品与服务之间的交换。（4）如果生产性服务贸易是由技术差异或规模经济引起的，那么生产性服务贸易可以增加一个国家的福利水平。生产性服务贸易对商品贸易的影响取决于生产性服务贸易对其商品生产贡献率变化的影响。生产性服务贸易可以是产生商品贸易的原因之一。如果服务贸易使进口国生产性服务的商品贡献率发生中性的或偏出口商品的变化，那么服务贸易将对商品贸易产生促进作用；如果服务贸易使进口国生产性服务的商品贡献率发生偏进口替代商品的变化，那么服务贸易将会减少商品贸易。如果服务贸易使生产性服务对进口替代商品的贡献率发生较大变化时，还可能逆转商品贸易的格局。

受统计资料的限制，我们现在无法进行实证分析来验证国际交易服务贸易和生产性服务贸易在宏观水平上对中国出口商品的生产、进口替代商品的生产和非贸易商品的生产的影响以及对商品贸易的影响。但是，根据本文的分析和讨论以及所得到的结论，我们仍然可以就中国的服务贸易和服务业的对外开放提出一些基本的政策建议。

首先，在制定生产性服务发展战略和政策时，中国不仅要考虑服务贸易对服务业本身发展的影响，更重要的是要考虑服务贸易对商品生产和贸易的影响。

在过去几十年里，服务部门发生重大变革的一个重要因素就是生产性服务业的兴起。在宏观经济水平上，由于制造企业的服务生产具有明显的外部化趋势，从而导致生产性服务业作为一个独立的部门出现。生产性服务从制造企业内部脱离出来使得企业能够通过专业化而达到较高的效率，能够节省研究与开发费用，并能在不需持续增加职员和对资本设备进行大量新投资的情况下满足最大需求。生产性服务贸易所导致的商品生产率变化及其资源效应将使出口商品、进口替代商品和非贸易商品的产出结构发生变化，从而影响到商品贸易。因此，中国应把制定生产性服务业发展战略和政策纳入整个经济发展战略来考虑。如果采取出口导向型经济发展战略，制定的服务贸易政策就应该是促进偏出口商品的生产性服务业的发展；如果采取进口替代型经济发展战略，中国就应该制定促进偏进口替代商品的生产性服务业发展的经济和贸易政策；如果采取中性的经济发展战略，在制定生产性服务业发展战略时就应该选择发展中性的生产性服务业。从总体水平上来看，中国目前采取的实际是以出口导向为主、进口替代为辅的经济发展战略。中国在选择对外开放生产性服务市场时，也应该选择同样类型的政策。作为一个地域辽阔的大国，中国还应该特别重视发展国内交易服务那样的生产性服务行业，并制定相应的对外开放政策。

其次，在今后的多边国际贸易与投资谈判中，中国应该把开放国内生产性服务业市场与要求发达国家开放商品市场联系起来。

当代经济中生产性服务业的发展大多出现在发达国家里，原因在于：这些服务生产的发展与商品生产的进步有着共生的联系，而发达国家在商品生产方面比发展中国家有着明显的技术优势。生产性服务实际上在很大程度上是当代经济发展下劳动力要素的技术和社会分工向外延伸的结果。而且，这些生产性服务不仅仅是工业生产发展的结果，它们反过来也严重影响企业部门之间和国家之间的增长和竞争模式。由于生产性服务是革新的有力媒介，因此它们也是提高生产率或经济效益的有力媒介。这使得发达国家的生产性服务业在总附加值中所占的份额正在不断增加。

由于发达国家在生产性服务业的发展过程中处于领先的地位，它们创造了世界服务业附加值的很大一部分。这使得新的国际劳动分工表现为发达国家支配着附加值最高的经济活动（它们决定着变革方向和贸易条件的变化），而发展中国家则留在附加值最低的第一和第二产业的经济活动中。

发达国家在生产性服务所具有的比较优势，使得发展中国家在服务贸易中成为生产性服务的进口国。发展中国家的服务出口主要集中在旅游服务方面。中国作为一个发展中国家在服务贸易方面基本上也具有同样的贸易格局。九十年代初，随着中国市场对外开放程度迅速增加，中国的国际交易服务和生产性服务贸易收支由顺差变为逆差，1992年的逆差为11.57亿美元，1995年的逆差则增加到112.47亿美元。但中国的旅游服务贸易收支至今一直保持较大的顺差。

发达国家在生产性服务和其它高附加值经济活动所具有的优势和支配地位使得发展中国家的生产活动在一定程度上受到发达国家的控制。因此，在今后的多边国际贸易与投资谈判中，不应该把发达国家要求发展中国家开放生产性服务市场的问题与发展中国家要求发达国家开放第一和第二产业附加值较低的商品市场问题分开讨论。

第三，生产性服务贸易可以导致商品贸易、甚至可以逆转商品贸易格局。因此，中国在选择对外开放国内生产性服务行业时应该选择那些有助于发挥本国现有比较优势或潜在比较优势的服务业。

许多商品的国际贸易格局呈现出明显的周期变化。它们最初由发达国家生产和出口，然后在生产技术变得比较成熟和标准化的时候转由发展中国家生产和出口。在这个转变过程中，如果中国能及时引进这些商品生产所需的关键性服务，就可能把这些产业作为经济发展中的支柱产业来发展，从而促进整个国民经济的高速发展和产业结构的优化。

中国旅游业的迅速发展可以用来说明引进关键性生产

性服务对发挥本国比较优势的作用。中国 1988 年的旅游业外汇收入为 17.97 亿美元，比 2007 年的旅游业外汇收入为 419.17 亿美元，20 年间增加了 22.32 倍，平均每年增长 17%；入境旅游人数达 13187.33 万人次，入境过夜旅游人数达 5471.98 万人次。到 2007 年末，全国纳入统计范围的旅行社共有 18943 家，比上年末增加 986 家。毫无疑问，中国旅游业的出口贸易保持如此高速增长在很大程度上得益于对外开放与旅游和旅行有关的服务行业，如饭店服务业和与航空旅客运输有关的配套服务业。

应当注意的是，每年有近 70%—80% 的游客宁愿访问发达国家，而仅有 20%—30% 的游客宁可访问发展中国家。一个重要的原因就是，发展中国家的旅游配套服务较差，游客到发展中国家主要目的是观光而不是度假。2007 年来华游客的人均开支只有 317.8 美元这一事实充分说明，到中国来的游客几乎都是观光旅游，中国在提供度假旅游服务方面还缺乏足够的竞争力。尽管中国已允许外商开发旅游设施，合资经营出租汽车等旅游服务项目，并可合资兴办国际旅行社，但是，为了进一步吸引来华游客的度假比例和人均消费支出，中国需要加快旅游度假娱乐服务业的发展，包括加大这些服务业的对外开放。

第四，生产者跨国界移动提供的服务通常表现为直接投资。对于具有规模经济的生产性服务行业来说，很容易形成垄断。发展中国家如果对外开放国内市场，就可能使本国的这些生产性服务行业被发达国家的跨国公司所控制。银行、通讯和运输等基础性服务行业的活动还影响到整个国民经济的运行。这些生产性服务部门的效率提高将促进国民经济的健康发展。因此，中国在对外开放生产性服务行业时，应该根据不同服务行业的特点和发展程度及其对整个国民经济的重要性差异，选择不同开放程度。对于允许外商进入的服务行业，可以在外商拥有的股权数量上做出规定。有的服务行业外商可以参股经营、采取中外合资的形式，但不能控股；有的行业既允许外商合资经营，也允许外商控股；有的行业则完全允许外商独资经营。有的行业可以规定企业的董事长、总经理或某些职位的高级管理人员必须由中国人担任。当然，中国还可以在业务范围和市场范围对外商实行不同的开放程度。但是，随着中国在不久的将来加入国际贸易组织，受国民待遇条款的约束，中国可能无法在业务范围和市场的区域范围对外商进行有效的限制。

第五，专业生产性服务（如会计服务、审计服务、法律服务、各种咨询服务、医疗服务、广告和建筑设计等）是由具有一定专业和相关知识并经过专业任职资格认定的人员以劳务的形式提供的。因此，这些人员的素质直接决定了所提供服务的竞争优势。但是，由于一个国家可以通过教育和培训提高本国专业人员的素质或直接引进外国的专业人员来获得这些服务的竞争优势，因此任何国家在专业生产性服务上所具有的竞争优势通常是比较短暂的。我们由此可以得到下列两个重要的政策建议：一是中国应该重视高等教育和专业培训的质量，二是中国现在可以对外开放专业生产性服务市场。

第六，国际交易服务贸易如果能够降低单位国际交易成本，就将增加贸易国的福利。但是，作为国际交易服务最重要组成部分的国际运输（尤其是海洋运输）服务存在巨大的规模经济。因此，一个国家可以通过为本国提供这些交易服务的企业保留一定规模的需求使本国提供国际交易服务的单位成本下降，从而增加国际竞争力。目前国际上国际交易服务出口大国都是商品贸易大国这一事实充分说明了这一点。加上保持一个强大的海洋运输能力对维护一个国家的国防安全和经济安全所具有重要的意义，各国（尤其是军事大国和/或经济贸易大国）都拥有提供海洋运输服务的强大能力。

作为一个经济与贸易大国，为了维持国家的安全（尤其是经济安全），防止外国企业垄断国际运输服务业、从而提高中国支付国际运输服务的单位成本，中国需要保持一定规模的国际运输能力。但是，如果本国提供国际运输服务的单位成本大于进口的单位成本，中国应该将提供国际运输服务的能力保持在实现规模经济所需的最低规模上。对于其它国际交易服务，中国也应该采取类似的政策措施。

第七，一个国家可以采取三种方式出口劳务：（1）本国公民通过现代通讯手段向外国提供劳务；（2）本国公民移动到外国去提供劳务；（3）本国公民在本国为外资企业提供劳务。同样，一个国家进口劳务也可采取类似的三种方式。中国目前的劳务出口主要是通过承包外国的工程建设和通过在华外资企业雇佣中方人员。前者实际上是国内企业移动到国外提供的服务（是服务出口），不是真正的劳务出口；后者表面上看起来不是劳务出口，但实际上却是真正的劳务出口。一个国家应该鼓励外商将本国必须进口的商品生产移至本国来就地生产。这样做除了增加本国的税收之外，还通过外资企业雇佣当地职员增加了劳务的出口。这种劳务出口虽然不能直接获得外汇收入，但却通过减少商品的进口而节约了外汇支出。对于具有大量过剩劳动力的中国来说，吸引外商来华（尤其是劳动过剩地区）投资生产进口商品和一些劳动密集型商品是解决中国失业压力的途径之一。中国应该鼓励这种形式的劳务出口。

生产性服务业与商品贸易紧密相关，而且其自身也越来越可进行贸易。一些基础设施性的服务和生产下游的服务（如运输、电讯、销售、金融和分配服务）实际上都是进行和增加商品贸易的条件。此外，随着发达国家在发展了为其本国商品生产服务的服务业之后努力增加服务的销售和开发新的国外市场渠道，各类服务也在更多地用于贸易。因此，生产性服务越来越被认为是发展进程和国际分工中至关重要的部分，并在国际贸易谈判中处于战略性地位。

生产性服务部门具有相当复杂的生产分配特征。该部门的发展与当今其它非常重大的变革密切相关。一方面是大多数服务的投入和产出具有非物质性和高度的转有技术和信息内涵），另一方面是它们具有突出的交易性特征（即服务在交付过程中产生）。服务生产的交付特征使得许多服务交易不是通过生产要素（尤其是专业技术人员）的移动来完成、就是通过建立国外分公司或附属机构（即国际直接投资）实现的。因此，服务贸易自由化的问题在很大程度上是人员跨国界自由流动的问题和投资自由化的问题。

服务业本身和服务贸易的增长与最新信息技术的发展是密切相关的。人们越来越认识到，最新信息技术进步对管理和服务活动的影响很大。这两类活动都有雄厚的信息内容，并严重影响商品贸易的型式。因此，在国际交易日益复杂的时代，使用最新信息技术至关重要。

生产性服务贸易问题与商品贸易、最新技术转让和国际直接投资密切相关，使得在乌拉圭回合关于服务贸易的谈判以及今后的有关谈判中，无法有效地把制定服务贸易政策与其它问题的谈判分开处理。

主要参考文献

Benz, S. F. (1985), "Trade Liberalization and the Grobal Service Economy," Journal of World Trade Law 19, 95 – 102.

Bhagwati, J. N. (1984a), "Splintering and disembodiment of Services and Developing Nations," The World Economy 7, 133 – 143.

Bhagwati, J. N. (1984b), "Why are Services Cheaper in the Poor Countries?" The Economic Journal 94, 279 – 286.

Burgess, D. F. (1995), "Is Trade Liberalization in the Service Sector in the National Interest?" Oxford Economic Papers 40 (1), 6078.

Casas, F. R. (1981), "Transport Costs in the Pure Theory of International Trade: Some Commemts," The Economic Journal 91, 741 – 744.

Casas, F. R. (1983), "International Trade with Produced Transport Services," Oxford Economic Papers 35 (1), 89 – 109.

Casas, F. R. & E. K. Choi (1985), "Some Paradoxes of Transport Costs in International Trade." Southern Economic Journal 51 (4), 983 – 997.

Cassing, J. H. (1978), "Transport Costs in International Trade Theory: A Comparaison with the Analysis of Nontrade Goods," Quarterly Journal of Economics (November), 535 – 550.

Casson, M, (1986), "General Theories of the Multinational Enterprise: A Critical Examination of their Relevance to the Business History," in P. Hertner and G. Jones (eds.), Multinationals: Theory and History (Aldershot, Gower), 42 – 63.

Clark, C (1940), "The Conditions of Economic Progress," London.

Deardorff, A. (1985), "Comparative Advantage and International Trade and Investment in Service," in Robert M. Stern (ed.), Trade and Investment in Services: Canada/U. S. Perspectives (Toroto: Ontario Economic Council), 39 – 71.

Delaunay, J. & J. Gadrey (1992), "Services in Economic Thoughts: Three Centuries of Debate," Kluwer Academic Publishers.

Djajic, S. & H. Kierzkowski (1989), "Goods, Services and Trade," Economica 56 (1), 83 – 95.

Drechsler, L. (1990), "A Note on the Concept of Services," Review of Income and Wealth 36 (3), 309 – 316.

Dunning, J. H. (1977), "Trade, Location of Economic Activity and the MNE: A Search for an Eclectic Approach," in B. Ohlin et al. (eds.), The International Allocation of Economic Activity, London, Holmes and Meier,

395 – 518.

Dunning, J. H. (1981), "International Production and the Multinational Enterprise," London, George Allen and Unwin.

Eithier, W. (1982), "National and International Returns to Scale in the Modern Theory of International Trade," American Economic Review 72, 398 – 405.

Ewing, A. F. (1985), "Why Free Trade in Services in in the Interest of Developing Countries," Journal of World Trade Law 19, 121 – 135.

Falvey, R. (1976), "Transportation Cost in the Pure Theory of International trade," Economic Journal 86 (September), 536 – 550.

Fisher, A. G. B. (1935), "The Clash of Progress and Security," London 1935.

Fisher, A. G. B. (1939), "Production, Primary, Secondary and Teritary", Economic Record, Vol. 15, 24 – 38.

Fucks, V. R. (1968), "The Service Economy," Natonal Bureau of Economic Research, General Serial 87, New York. 中译本由商务印书馆1987 出版。

Giarini, O. (ed.) (1987), "The Emerging Service Economy," Pergamon Press.

Giersch, H. (ed.) (1989), "Services in World Economic Growth: Symposium 1988, " Tubingen: J. C. B. Mohr.

Grubel, H. G. (1987), "All Traded Services are Embodied in Materials or People," The World Economy 10

(3), 319 – 330.

Helpman, E. (1981), "International Trade in the Presence of Product Differentiation, Economies of Scale and Monopolistic Competition: A Champberlinian – Hechscher – Ohlin Approach," Journal of International Economics 11, 304 – 340.

Herberg, H. (1970), "Economic Growth and International trade with Transport Costs," Zeitschrift fur die Gesamte Staatswissenschaft (OctOber), 557 – 600.

Hill, T. P. (1977), "On Goods and Services," The Review of Income and Wealth 23, 315 – 338.

Hindley, B. & A. Smith (1984), "Comparative Advantage and trade in Services," The world Economy 7, 369 – 390.

Hirsch, S. (1989), "International Transactions Involving Interactions: A Conceptual Framework Combining Goods and Services," in H. Giersch (ed.), "Services in World Economic Growth: Symposium 1988," Tubingen: J. C. B. Mohr, 63 – 84.

Hoekman, M. & R. Stern (1992), "International Transactions in Services: Issues and Data Availability," in R. Stern (ed.), "The Multilateral Trade System Analysis and Options for Change," The University of Michigan Press, 391 – 434.

IMF (1996, 1992), "Balance of Payments Statistics Yearbook"

Inman, R. P. (1985), "Introduction and Overview," in R. P. Inman (ed.), Managing the Service Economy, Cambridge University Press.

Jones, R. W. (1985), "Comments on 'Comparative Advantage and International Trade and Investment in Service' by Deardorff," in Robert M. Stern (ed.), Trade and Investment in Services: Canada/U. S. Perspectives (Toroto: Ontario Economic Council), 72 – 76.

Jones, R. W. & F. Ruane (1990), "Appraising the Options for International Trade in Services," Oxford Economic Papers 42, 672 – 687.

Katouzian, M. A. H. (1979), "Services in International Trade: A Theoretical Interpretation," in H. Giersch (ed.), International Economic Development and Resource Transfer, Tubingen: J. C. B. Mohr, 359 – 367.

Kierzkowski, H. (1987), "Recent Advances in International Trade Theory: A Selective Survey," Oxford Review of Economic Policy 3 (1), 1 – 19.

Kravis, I. B., A. W. Heston & R. Summers (1982), "The Share of Services in Economic Growth," in F. G. Adams and B. Hichman (ed.), Global Econometrics: Essays in Honor of Lawrence R. Klein. Cambridge: MIT Press, 188 – 217.

Krugman, P. R. & M. Obstfeld (1994), "International Economics: Theory and Policy," Third Editon, 1994, Harper Collins College Publishers.

Kuznets, S. (1957), "Quantitive Aspects of the Economic Growth of Nations, II. Industrial Distribution of National Product and Labour Force," Economic Development and Cultural Change, Vol. II.

Kuznets, S. (1966) "Modern Economic Growth," New Haven.

Lall, S. (1986), "The Third World and Comparative Advantage in Trade Services," in S. Lall & F. Stewart (ed.), Theory and Reality in Development. London. 122 – 138.

Lee, C. H. & S. Naya (ed.) (1988), "Trade and Investment in Services in the Asia – Pacific Region," Westview Press.

Lindert, P. (1991), "International Economics." 中译本由经济科学出版社 1994 出版。

Markusen, J. R. (1989a), "Trade in Producer Services and Other Specialized Intermediate Inputs," American Economic Review 79 (1), 85 – 95.

Markusen, J. R. (1989b), "Service Trade by the Multinational Enterprise," in Peter Enderwick (eds.), Multinational Service Firms, Routledge, 35 – 60.

Melvin, J. R. (1985a), "Domestic Taste Differneces, Transportation Costs and International Trade," Journal of International Economics 18, 65 – 82.

Melvin, J. R. (1985b), "The Regional Economic Consequences of Tariffs and Domestic transportation Costs," Canadian Journal of Economics 18, 237 – 257.

Melvin, J. R. (1989a), "Trade in Services: A theoretical Analysis," The Institute for Research on Public Policy.

Melvin, J. R. (1989b), "Trade in Producer Services: A Hechscher – Ohlin Approach," Journal of Political Economy 97 (51), 1180 – 1196.

Melvin, J. R. (1990), "Time and Space in Economic Ananysis," Canadian Journal of Economics 23, 725 – 747

Melvin, J. R. (1995), "Histry and Measurement in the Service Sector," The Review of Income and Wealth 41 (4), 481 – 494.

Mundell, R. A. (1957a), "International Trade and Factor Mobility," American Economic Review 47, 321 – 335.

Mundell, R. A. (1957b), "A Geometry of Transport Costs in International Trade Theory," Canadian Journal of Economics and Political Science (August), 331 – 348.

Murdick, R. G. , B. Render & R. Russell (1990), "Service Operations Management," Allyn and Bacon.

Rugman, A. M. (1985), "Internalization in Still a General Theory of Foreign Direct Investment," Weltwirtschaftliches Archiv. 121, 570 – 575.

Rugman, A. M. (1987), "Multinationals and Trade in Services: A Transaction Cost Approach," Weltwirtschaftliches Archiv 123, 651 – 667.

Ryan, C. (1987), "Trade in the Presence of Endogenous Intermediation in an Asymmetric World," Working Paper, Institute for Research on Public Policy, Victoria, B. C.

Ryan, C. (1988), "Trade in Service: An Introduction Survey," Economic and Social Review 20, No. 1 (October).

Sapir, A. (1985), "North – South Issues in Trade in

Services," The World Economy 8 (1), 27 – 42.

Sampson, G. & R. Snape (1985), "Identifying the Issues in Trade in Services," The World Economy 8 (2), 171 – 182.

Samuelson, P. A. (1954), "The Transfer Problem and Transport Costs: An Analysis of Effects of Trade Impediments", Economic Journal (June), 264 – 269.

Siniscalco, D. (1989), "Defining and Measuring Output and Productivity in the Service Sector," in: Herbert Giersch (eds.), Services in World Economic Growth: Symposium 1988. Tubingen: Mohr, 1989. pp. 38 – 58.

Stanback, T. M. (1980), "Understanding the Service Economy," Baltimore.

Tucker, K. & M Sundberg (1988), "International Trade in Services," Routhledge, London and New York.

Weisman, E. (1990), "Trade in Services and Imperfect Competition: Application to International Aviation," Kluwer Academic Publishers.

高涤新和白景明著，《服务经济学》，河南人民出版社1990年版。

弗拉维·马丁内利，《生产者服务业的发展趋势》，载《世界经济译丛》1993年第1期。

陈宪主编，《国际服务贸易》，立信会计出版社1995年版。

隆国强等著，《中国服务贸易》，中信出版社1995年版。

黄少军，《外国服务经济理论述评》，载《经济学动态》1995年第6期。

卢进勇，《中国服务业对外开放的状况和策略》，载

《管理现代化》1996年第1期。

世界银行，《1996年世界发展报告》《2003年世界发展指标》《2004年世界发展指标》，中国财政经济出版社。

陈　宪　程大中主编，《中国服务经济报告2005》，经济管理出版社2005年版。

汪尧田《WTO全书》，人民日报出版社2002年版。